AF346743

LES CAHIERS

D'UN

RHÉTORICIEN

DE 1815

LES CAHIERS

D'UN

RHÉTORICIEN

DE 1815

PARIS

LIBRAIRIE HACHETTE ET Cie

79, BOULEVARD SAINT-GERMAIN, 79

—

1890

PRÉFACE.

LETTRE DE FRANCISQUE SARCEY
A MADAME LOUISE CH. G.

Ma chère Louise,

Je viens de lire, avec une curiosité mêlée
d'attendrissement, le volume dont vous avez
bien voulu me communiquer les épreuves.
Que de souvenirs charmants me sont re-
montés à la mémoire, tandis que je parcou-
rais ces pages! Je retrouvais avec une étonnante précision, dans ce cahier, écrit au
jour le jour par un écolier de seize ans,
l'homme dans l'intimité de qui j'avais eu
l'honneur d'être admis, alors qu'il achevait
dans l'Université sa carrière de professeur,
alors que vous n'étiez vous-même qu'un en-

a

fant au gai visage. C'était bien cette même âme candide, ce même cœur tendre, ce même esprit toujours en éveil et se répandant sur les connaissances les plus étrangères à son enseignement. Il professait les sciences à Charlemagne et à l'École polytechnique, et ce m'était un étonnement, que je n'ai point oublié, de le voir, quand nous allions chez lui tailler une bavette avec votre frère, occupé à lire quelque vieux livre grec, ou enfoncé dans des études de philologie pure qui remontaient jusqu'au sanscrit ; parlant de ces travaux auxquels il se livrait en silence, et pour son seul plaisir, avec une bonhomie souriante, comme si c'était la chose la plus simple du monde de porter encore à soixante ans le plus grand effort de son esprit sur d'autres études que celles de son métier. Il aurait pu dire comme l'aimable *optimiste* de Colin d'Harleville :

Mes amis, je vieillis en apprenant encore.

Et il était lui-même un vieillard de Colin d'Harleville, sérieux tout ensemble et gai, nourri de la littérature classique qui lui échappait de toutes parts dans la conversation, un de ces doux et doctes bourgeois de 1830 qui célébraient en vers latins les petits événements de la famille.

Il était impossible de ne pas se sentir pour lui je ne sais quel respect tempéré d'affection. Il a été un des types les plus accomplis de cette génération qui nous a précédés dans la vie et à qui nous avons si peu ressemblé, nous, fils de 1848, qui avons déjà des petits-fils si différents de nous. Je ne puis lire les portraits que M. Anatole France nous trace parfois, d'une plume si légère et si délicate, de ces vieux bibliophiles, contemporains de Sylvestre Bonnard, qu'il a connus chez son père, graves et enjoués personnages, savants en *us* avec des cœurs d'enfants, sans voir se détacher du livre et apparaître dans le lointain vague de mes souvenirs la figure émaciée et cordiale de M. Bary.

Les hommes de ce temps avaient sur nous un avantage qui les a gardés jeunes jusqu'à la fin de leur vie : ils croyaient. Je n'entends point dire par là qu'ils avaient une foi religieuse très vive. On verra au contraire, en lisant ces cahiers, qu'ils avaient de ce côté l'esprit assez libre, et que l'obligation d'une prière imposée à tous leur répugnait. Ils croyaient à la liberté, au progrès, à l'art, à la science ; ils croyaient à la nécessité de devenir meilleurs et de faire la patrie plus grande ; d'un mot plus général, ils croyaient à l'avenir, ils y croyaient résolument, ardemment ; le soleil de la Restauration est un des plus chauds et l'un des plus vivifiants qui aient jamais lui sur le monde.

Et comme on tient toujours par quelque endroit à la génération de laquelle on procède, ils étaient sensibles, comme Rousseau, dont l'influence fut énorme sur les gens de la fin du xviiie siècle, et se continua encore sur ceux qui naissaient aux environs de 1800 ; ils aimaient en littérature et en poésie, outre les classiques, dont ils avaient le culte comme leurs pères, les écrivains que nous appelons aujourd'hui de transition et que nous ne lisons plus, ceux qui font la chaîne entre les maîtres du xviiie siècle et la merveilleuse éclosion du romantisme, aujourd'hui oublié.

Ce mélange si singulier d'admirations traditionnelles, dont quelques-unes nous font sourire, de préjugés à présent abolis, d'enthousiasmes sincères, d'illusions naïves, d'extraordinaires emportements vers un idéal mystérieux et vaguement pressenti, n'a jamais été marqué de traits plus curieux et plus sûrs que dans ce journal où s'épanchait librement chaque soir un rhétoricien qui devait être plus tard un des plus honnêtes et des plus dignes professeurs de son temps. Je me méfierais des renseignements qui s'y trouvent, si l'enfant qui se confiait ainsi quotidiennement à ce journal avait été un enfant prodige, s'il était devenu plus tard un Chateaubriand, un Alfred de Musset, un Victor Hugo. Je craindrais qu'il n'y eût trop mis de lui-même et pas assez de son temps. Mais l'originalité de ce document consiste précisément en cela que celui dont nous le tenons ne fut pas un artiste original. Il fut ce que son cher Horace appelait *unus ex multis*; il résuma et personnifia la moyenne — une moyenne très pure, très élevée et très noble — de sa génération, et c'est à ce titre que cet aimable volume mérite d'être lu de tous ceux qui s'occupent de psychologie sociale et d'histoire.

a.

Rien de plus instructif à cet égard que les lectures faites (en dehors des livres de classe) par ce collégien : nous le voyons acharné à *la Nouvelle Héloïse*. Vous imaginez-vous un écolier de nos jours dans les mains de qui tomberait *la Nouvelle Héloïse*? L'ouvrage lui paraîtrait-il assez assommant, assez *rengaine*! — « Comme c'est touchant! s'écrie le jeune *potache* de 1815. Quels attraits dans cette lecture! Quelle éloquence déploie l'auteur en parlant de l'adultère et du suicide! Elle est bien intéressante cette Julie, modèle unique d'amour et de vertu! »

Hélas! cette Julie, modèle unique d'amour et de vertu, nous laissait déjà froids en 1848 ; on la traiterait aujourd'hui de *rasoir*.

Et Gessner donc! il lit Gessner, et il en est ravi!

« Je viens d'achever l'*Evandre* et *Aleimna*, de Gessner. Quel homme a su mieux peindre l'innocence et la douceur des mœurs pastorales? Mais cette vie si agréable n'est que dans l'imagination de l'auteur. Oh! s'il y avait un pays où des bergers et des bergères coulant des jours sereins, ne respirassent que le chaste amour et la vertu, et pussent apprécier tous les charmes de la vertu champêtre, j'irais... j'irais aussitôt dépouiller auprès d'eux tous les préjugés des villes, oublier toutes ces habitudes qui créent tant de nouveaux besoins, et faire mon bonheur d'une aimable simplicité et de la société de ces hommes de la nature.... »

Et remarquez bien qu'il ne saurait y avoir dans ces effusions aucun soupçon de pose. Ce jeune homme écrivait pour lui seul; il laissait couler son cœur. Un de nos écoliers n'écrirait de ce style que pour se moquer de lui-même, il s'éclaterait de rire au nez :

— As-tu fini, fumiste!

Leur professeur, M. Naudet, leur lit un morceau du poème de *la Navigation* d'Esménard, et Bary s'écrie avec enthousiasme : « Quelle force de poésie descriptive! » Il se pâme devant les poèmes de Soumet, les héroïdes de Colardeau ; et je ne pouvais m'empêcher, en lisant ces passages, de me rappeler les deux gros volumes de *Morceaux choisis* de Noël et Laplace, que tous les jeunes gens de mon âge ont eus entre les mains. La littérature de l'Empire tenait, dans cette déplorable compilation, une place énorme. Les morceaux tirés d'Esménard, de Lemierre, de Baour-Lormian, de Lebrun et surtout de Delille, y abondent; en prose, c'étaient *les Incas* de Marmontel, *les Ruines* de Volney, les critiques de Laharpe, qui nous fournissaient de modèles de style. Nous commencions à regimber. Mais comment s'étonner de la masse énorme de préjugés littéraires que les novateurs de l'école romantique eurent à vaincre dans la bourgeoisie du temps, quand on voit quelles étaient les préférences des jeunes gens qui avaient seize ans quand Victor Hugo en avait treize !

Ces jeunes gens avaient en lettres et en arts le goût très étroit ; ils avaient sur toute autre matière l'esprit très large. C'étaient eux qui devaient être les libéraux de la Restauration et de la monarchie de Juillet, le seul temps, je crois, où l'on ait su ce que c'est que la vraie liberté.

Ce même Bary qui écrivait : « La prière que l'on fait depuis quelque temps dans les classes m'a toujours paru une atteinte à la charte constitutionnelle; on proclame la liberté de conscience, et cependant on force tous les élèves à se lever en classe, » etc.,

et qui se répandait sur ce thème en déve-
loppements que l'on croirait écrits d'hier,
disait quelques jours auparavant, dans un
élan de foi quelque peu mystique : « Je n'aime
pas les sermons ; mais toute ma vie je prierai
Dieu chaque jour, je l'adorerai : j'aimerai et
respecterai mes parents et mon prochain ;
je chercherai à me corriger de mes défauts ;
à pratiquer la vertu, à faire le bien, et je
tâcherai d'apporter à Dieu quelques bonnes
actions. »

Et ce n'est pas là un propos en l'air. Ce
jeune homme, à l'heure où nos enfants ne
songent qu'à s'ingurgiter le baccalauréat
pour obtenir la clef des champs et courir le
guilledou, fait sans cesse des retours sur
lui-même, s'examine, se scrute, forme des
projets d'amélioration :

« Je reçois de très bons conseils pour la
réforme de mon caractère ; je dois surtout
me défaire de ce ton tranchant, qui d'un
mot approuve, blâme, condamne souvent
des personnes respectables. Il faut que je
me taise ou que j'exprime mes idées avec
cette modestie et cette pudeur virginales,
l'ornement de la jeunesse. Il ne faut jamais

heurter personne, ni contredire, ni montrer des opinions trop prononcées. »

Et quelques jours après, ayant reçu une lettre de son père qui lui indique avec cette bonté grave des pères d'autrefois les points de son caractère et de son travail sur lesquels doivent porter les réformes, il se trace à lui-même un programme de conduite, d'études et de lectures, et, se laissant aller à sa tendresse :

« Ne dois-je pas me dire, écrit-il, avant de faire une action : plaira-t-elle à mon père ? L'idée de le rendre heureux et content ne doit-elle pas aplanir devant moi tous les obstacles que je puis trouver en marchant vers les talents et la vertu ! O mon père, vous n'aurez pas en vain cultivé mon esprit et mon cœur ! Mais que je suis peu avancé ! que de choses j'ai à faire ! que je suis éloigné du degré de perfection où ton amour pour moi veut m'élever ! Pourtant je ne veux pas me décourager : Dieu, ma conscience et mon père, voilà les trois objets et les trois appuis de mes efforts ! »

L'expression est un peu démodée, et l'apostrophe *O mon père !* sent son Jean-Jacques; mais est-ce que vous ne sentez pas, sous cette phraséologie, palpiter un cœur bon, sincère et ardent?

Ces jeunes gens aimaient-ils? ou si vous préférez : songeaient-ils aux femmes? Vous imaginez bien que si leur pensée se portait de ce côté, ce n'était pas avec la gouailleuse impudence des jeunes polissons qui achètent *le Gil Blas*. C'est avec un sérieux tendre et légèrement mélancolique que Bary fait allusion à ses jeunes et chastes amours dont le mystère demeure voilé.

Il vient de lire *les Solitaires de Murcie*, un conte de Marmontel, où sont contées les amours de Formose et de Valérie, et il s'arrête un instant :

« Je suis tourmenté, écrit-il, par de chers souvenirs. Heureux celui qui n'a pas voyagé! Il n'a pas laissé son cœur à des objets chéris, qu'il ne reverra plus. Mille chimères se croisent dans mon imagination et ne me laissent aucun repos..., je sens un vide dans mon âme, partout ces idées me poursuivent. »

Et quelques jours plus tard, revenant sur ces doux souvenirs :

« O toi, s'écrie-t-il, dont le nom fait palpiter mon cœur, chef-d'œuvre du ciel, qui fis naître en moi les premiers feux, entends la voix plaintive de ton Émile. Enfermé dans ma docte prison, exilé loin de toi, je gémis en silence. Franchissant la ténébreuse horreur de ces murs, mon âme s'élance vers toi, etc., etc. »

Et savez-vous comment ce morceau sentimental, qui est fort long, se termine'? rien n'est plus drôle en vérité :

« Je joue à la balle pour la première fois de l'année. Mon adresse et un trou que j'ai à ma culotte font un grand progrès. Le soir, lecture du divin Parny. *La Journée champêtre* est un fort joli petit poème. »

Avouez que rien n'est plaisant comme ce mêli-mêlo d'impressions idéales et de détails réalistes.

Ce livre nous donne encore sur l'éducation de ce temps-là des détails qui intéresseront toute l'Université et tous ceux qui, en dehors d'elle, s'occupent de l'histoire de la pédagogie. Il y a dans ces mémoires deux histoires de révolte qui sont bien amusantes, surtout la seconde. Il paraît qu'en ce temps-là on n'y allait pas de main morte, et que les maîtres cognaient dur sur les élèves. Dans la première, nous voyons M. de Wailly, le proviseur, tomber à coups de poing et à coups de pied sur les petits insurgés. Dans la seconde, il fait mieux : c'est à coups de canne qu'il les poursuit. Il faut voir l'indignation de Bary, dont le dos faillit être frôlé par le bâton. Il se redresse, il s'arrête, il en appelle aux dieux ! Pour lui, cette révolte, dont le récit emplit dix pages, est un événement énorme ; le jour où elle prend fin « sera un jour mémorable dans les fastes scolaires ! » et sa verve lyrique s'exerce sur cette nuit, qui suivit la paix conclue ; cette nuit « délicieuse, que Bellone ne disputa point à Morphée. »

Mais voilà, ma chère amie, que je me laisse emporter à l'habitude, et qu'au lieu de poursuivre la lettre que j'avais commencée pour vous, j'écris un article pour le public. Eh bien, cette lettre ou cet article, faites-en une préface, et permettez-moi d'insister, en terminant, sur un point que vous avez, dans votre avertissement, touché avec votre délicatesse ordinaire.

Un des traits les plus caractéristiques des

jeunes gens de cette génération, c'est l'ardeur qu'ils ont portée dans l'amitié, ardeur intempérante et quelquefois jalouse, dont l'excès nous étonne aujourd'hui. Comme vous avez bien fait de rappeler à ce propos le livre admirable de Michelet! Je ne sais rien de plus tendre, de plus fervent, de plus noble, que cette amitié que Michelet sentit pour ce jeune médecin, son camarade, dont le nom m'échappe. Il l'aima plus qu'aucune maîtresse. C'est cette même affection que Bary sentit pour Bréville, qui lui écrivait : « Je suis pour t'écrire comme Saint-Preux pour lire les lettres de Julie », et ce qu'il y a d'admirable, c'est que ces jeunes gens ne se donnaient, à travers ces témoignages d'une affection si vive, que des conseils de sagesse, de travail, de vertu.

Comme vous avez eu raison d'imprimer quelques-unes de ces lettres! quel mot charmant que celui de Montalivet écrivant à Bary : « Tu es digne d'être mon ami »; et plus loin : « Tu fais tout avec un emportement qui s'appellerait passion s'il ne t'était habituel! »

Eh oui! ce groupe de jeunes gens était

passionné; il l'était pour le bien, pour le beau; il l'était pour ses amis, pour la France, et c'est ce qui explique comment cette partie du siècle qui va de 1820 à 1850 a vu la plus superbe floraison de génies en tous genres qu'il y ait eu depuis Périclès.

Du même fonds d'où naquirent tant de belles âmes et de cœurs chauds, il sortit également une foule de grands génies.

Et voilà pourquoi ce petit livre restera comme un des plus curieux témoins d'une magnifique époque disparue.

FRANCISQUE SARCEY.

CAHIERS

D'UN

RHÉTORICIEN DE 1815.

AVANT-PROPOS.

L'histoire, à notre époque, après avoir cherché la vérité dans un contrôle rigoureux des pièces authentiques, l'a poursuivie encore dans les mémoires et les correspondances. Mais il appartenait à notre société démocratique, qui a créé le mot de *document humain*, de s'intéresser moins à la biographie et à l'opinion des grands de ce monde, qu'à celles des humbles et des petits.

Aussi avons-nous vu paraître à la lumière et coup sur coup : les cahiers du capitaine Coignet, les cahiers du sergent Fricasse, ceux du paysan anglais William Lawrence, qui ont pu contrebalancer le succès des mémoires de madame de Rémusat.

b

Ce sont les cahiers d'un rhétoricien de 1815 que je veux présenter aujourd'hui.

Mon apport peut paraître au premier abord encore plus petit et plus humble, puisqu'il s'agit des impressions d'un enfant; mais, en réalité, les sensations d'un paysan et d'un illettré n'auront jamais la valeur de celles d'un élève de nos lycées, d'un petit Parisien, appartenant à la bourgeoisie intelligente, et qui a seize ans. Seize ans! cet âge de transformation où l'on croit déjà tout savoir, où l'on est sûr de son propre jugement, où l'on discute sur tous les sujets, où l'on a sur tout des idées, dont la plupart sont fausses, mais souvent généreuses, et toujours extrêmes. C'est pour le corps du jeune homme encore l'âge de disgrâce; mais c'est pour son intelligence et son cœur une heure bien intéressante d'éveil et de développement.

Aussi est-ce un malheur pour nous que le jeune élève de rhétorique du lycée Napoléon, par un scrupule de conscience qui lui fait honneur, n'ait écrit ses *petites éphémérides*, comme il les appelle, que pendant trois mois. Il est vrai que ces trois mois sont précisément ceux que l'on a nommés par excellence « les Cent Jours », ceux du retour de Napoléon Ier de l'île d'Elbe, et cette coïncidence donne à l'enfant l'occasion de s'occuper de politique, et de nous montrer, en parlant de son père et des amis de son père, l'état des esprits à cette époque si troublée, où son âme honnête est souvent indignée du changement intéressé des opinions.

Dans ce monde en raccourci qu'on appelle le collège, il se passe aussi bien des événements pendant ces trois mois, et la discipline qui y est appliquée affecte des méthodes qui étonneraient bien les lycéens de nos jours.

Nos élèves modernes verraient aussi dans ces pages comment on travaillait en 1815 ; avec quel zèle on apprenait les langues vivantes, quand l'enseignement n'en était pas même organisé dans nos lycées.

Peut-être seraient-ils surpris aussi du ton respectueux de l'élève quand il parle du maître, dont le nom est toujours précédé, même dans ces pages si intimes, du mot *monsieur*.

Ils verraient cependant, et cela sans surprise, que, s'il y a toujours eu des professeurs qui ont su exciter l'enthousiasme de leurs élèves et en stimuler le travail, il y en a toujours eu aussi qui les ont un peu ennuyés....

Pour nous, qui appartenons à la génération intermédiaire, déjà, hélas ! parvenue à l'âge de l'indulgence, nous verrons dans ces cahiers que la jeunesse est toujours à peu près la même, avec ses défauts et ses qualités. Notre élève de 1815 attendait avec impatience le journal *le Nain jaune*, qu'il faisait sans doute acheter en cachette, comme les internes d'aujourd'hui se font acheter et apporter par les externes *l'Écho de Paris*.

Ainsi que ses camarades, il se révoltait, quoique bon chrétien, contre la tyrannie des aumôniers; car il revendiquait la liberté de conscience et il obéissait aussi à ce sentiment de contradiction qui pousse aujourd'hui les internes à suivre les cours d'instruction religieuse, parce qu'ils ne sont plus obligatoires.

Il lisait, comme font les nôtres, les livres nouveaux ou ceux qui passaient alors pour dangereux, et il dévorait *la Nouvelle Héloïse*! Mais, comme tout est pur pour les purs, il sentait sa jeune âme s'élever à cette lecture, qui lui semblait passionnée, tandis qu'elle paraît seulement ennuyeuse aux générations actuelles.

Je crains cependant que certains de nos auteurs modernes, lus en cachette au lycée, n'aient pas la même influence sur nos jeunes gens d'aujourd'hui !

Celui qui a écrit ces cahiers est d'ailleurs un jeune homme d'élite à tous les points de vue. C'est un bon élève, dans toute la force du mot: il est d'une bonne conduite, estimé de ses camarades; il a des prix au lycée; il a des succès au concours général dans les lettres. A dix-huit ans, cependant, il abandonne les lettres, parce qu'il n'avait pas obtenu le prix d'honneur, au-

quel il pouvait prétendre, et il fait des sciences,
parce qu'elles sont moins sujettes à la diversité
des jugements humains. Il entre à vingt ans le
quatorzième à l'École polytechnique. Malade
à l'école par excès de travail, il sort le tren-
tième, dans l'artillerie ; donne sa démission ; est
nommé professeur de mathématiques au lycée
de Caen ; passe à Paris ses licences ès-sciences ;
se fait recevoir agrégé, et devient professeur de
physique et de chimie au lycée Charlemagne.

Il a, pour ainsi dire, créé l'enseignement de
ces sciences, et a pris, dans l'Université, une
influence que sa modestie n'a su ni voulu faire
valoir. Mais ses anciens élèves, dont la génération commence, hélas ! à s'éclaircir, dont plusieurs sont membres de l'Académie des sciences,
ingénieurs en chef de l'État, ou professeurs
dans nos facultés ou nos lycées, savent bien ce
qu'ils doivent au professeur si éclairé, si con-
sciencieux et si parfaitement bon, qui a enseigné
la physique et la chimie au lycée Charlemagne
de 1827 à 1860.

Mais ce changement de direction dans la carrière d'Émile Bary ne l'empêcha pas de cultiver
les lettres toute sa vie. De même qu'il avait appris l'allemand seul au lycée, il apprit, devenu
homme, la plupart des langues modernes, et il
pouvait lire sans hésitation et écrire correcte-
ment, l'allemand, l'anglais, l'italien, l'espagnol,

le portugais, le hollandais. Il s'occupait de sué-
dois, de russe et de grec moderne. Mais sa
prédilection était encore pour les langues an-
ciennes, le grec, et surtout le latin. En vacances,
il avait toujours dans sa poche un Virgile et une
table de logarithmes. Il avait la passion des vers
latins[1]. Des vers latins ! Il en fit jusqu'à sa mort !
Il en avait fait à quatorze ans, étant élève de
troisième, sur la mort d'un jeune frère. Oh !
pour le coup, voilà qui est doublement démodé !
On ne fait plus de vers latins, et, pleurer en
vers latins, semble pour ainsi dire grotesque à
la fin de ce siècle positif, qui affecte la simplicité.

Pour achever ce croquis des mœurs de l'époque, j'ajouterai que le père du jeune poète latin
fit imprimer et encadrer ces vers, et placer dans
sa chambre ce singulier tableau.

Ce n'est pas seulement par le travail, par l'in-

---

1. Je retrouve ces vers faits sur l'érection de la colonne
de Juillet, en 1840 :

DE STATUA RECENTI.

Libertatis adest genius, memorisque columnæ
Aureus exornat culmen ; sic Gallia jussit.
Gestat dextra facem, ruptas fert læva catenas,
Stella in fronte micat, celeres deus explicat alas,
Suppositumque orbem victor lustrare videtur.

        V. KAL. AUG. Anno MDCCCXL.

Æm. BARY.

telligence, par l'esprit, par la netteté du style et celle de la pensée, que notre collégien nous attache. C'est par son cœur, si aimant et si délicat.

Au moment même où le retour si rapide et si romanesque de l'Empereur excite autour de lui un enthousiasme général, qu'il partage lui-même, il ne peut s'empêcher de plaindre « ce pauvre Louis XVIII, un si brave et honnête homme ! » et « ces malheureux émigrés, qui, après avoir un instant réchauffé leur cœur au soleil de la patrie, vont encore une fois traîner aux terres lointaines les restes d'une vie toujours malheureuse. »

Au moment où il s'en est fallu d'un pouce qu'il ne reçût sur le dos la canne du proviseur, réprimant une révolte par ce singulier procédé, il pense combien ces révoltes peuvent faire de tort à ce même proviseur, « un homme de tant de mérite, dont nous avons toujours eu à nous louer ! un père de famille ! »

Cet âge n'est donc pas toujours sans pitié !

Que dire aussi de la délicatesse exquise qui le portait dans ses éphémérides à taire le nom d'un élève qui avait fait une sottise, et qui se montre tout à fait dans la lettre qu'il a écrite à son père en 1816, quand il avait dix-sept ans, pour lui demander la permission d'avoir un ami? Hélas! ici je suis bien obligée de constater la différence entre ce temps et le nôtre! Qu'est devenu ce respect, profond et tendre à la fois? Où sont ces sentiments d'une délicatesse si raffinée? Mais plutôt où est cette âme charmante? J'exalte le temps : ne devrais-je pas plutôt exalter l'enfant? Oui, toutes les promesses qu'il donnait déjà ont été tenues par l'homme, comme fils, comme mari, comme père. Pourquoi ne dirais-je pas, et avec fierté, que j'ai eu le bonheur d'avoir pour père celui qui raconte sa vie et ses impressions en 1815, et que j'ai vu épanouies toutes les vertus et les qualités contenues en germes dans l'âme du rhétoricien qui a écrit ces cahiers!

Non, le caractère ne change pas! Cette lettre de 1816, mon père n'aurait pu la désavouer à aucune époque de sa vie.

D'après ce qu'il dit de son père, de sa mère, je reconnais absolument mes grands-parents, car ils ont vécu longtemps, grâce à Dieu, et je les ai bien connus.

Aussi avec quelle émotion ai-je lu ces cahiers, qui m'ont fait revivre ce passé, si insaisissable ordinairement, des êtres que j'ai aimés, et qui me les ont fait connaître à une époque de leur vie où j'aurais voulu déjà les aimer!...

On comprendra plus facilement encore mon plaisir et mon attendrissement, quand j'ai découvert ces papiers dans un vieux portefeuille

de famille, si j'ajoute que mon fils a seize ans,
l'âge qu'avait mon père lorsqu'il écrivit ses
cahiers, et que ce fils est aussi en rhétorique,
dans un de nos lycées de Paris. Combien je
désire que le petit-fils ressemble au grand-père
dans le présent et dans l'avenir!

Je ne puis espérer que ces cahiers d'un rhétoricien de 1815 fassent sur le lecteur l'impression qu'ils ont faite sur moi. Mais je crois cependant qu'ils auront de l'intérêt pour ceux qui
ont des fils, pour ceux qui touchent à l'Université, et pour tous ceux qui s'occupent d'étudier
les transformations de l'esprit humain.

S'ils peuvent inspirer à la génération actuelle
quelque amour du travail, quelques sentiments
de respect pour les parents et pour les maîtres,
quelques pensées pures et élevées, je croirai
avoir rendu, dans la mesure de mes forces, un
léger hommage à la douce, délicate et sainte
mémoire de mon père.

L. C. G., née BARY.

Paris, avril 1889.

Ces cahiers sont au nombre de trois, en papier de fil, hauts de 10 centimètres et larges de 8. Ils sont écrits en écriture bâtarde, fine et lisible; sans *une* faute d'orthographe, sans une rature, sans une erreur de style.

FAC-SIMILÉ

DU

MANUSCRIT

D'ÉMILE BARY

30 avril dimanche, mauvais temps, je dors.
nous allons voir Mr P. qui va, dit-il, acheter un
fusil pour tirer de sa fenaison du St Plaza,
s'il y a des trembles dans Jaux.
ma tante est toujours malade; il y a du mieux,
mais on croit qu'elle vivra encore quelques années
en conservant de cette maladie une infirmité qui
vieillira et mourra avec elle.
c'est aujourd'hui que commence ma conversion
pour le travail. voici trois mois que je m'occupe
beaucoup de romans, de morale, de logique, de vers
français et d'allemand, et je ne me livre par avi-
=diennent à mes discours. je ne lis pas mon homère,
mon cicéron, mon virgile, mon horace, je ne fais
plus de vers latins, je broche en un quart d'heure
mes versions. mon père me rappelle la nécessité
d'une bonne rhétorique, les avantages de tous genres
que procurent les succès, le bien qu'il y aurait pour
moi de me livrer tous entiers à l'étude du latin
et du grec dont je ne pourrai plus retrouver l'occasion,
enfin l'intérêt que j'ai de ne pas m'appliquer dans

ce moment à la philosophie qui dans une tête trop
jeune ne produirait pas de bons fruits. il m'engage
à abandonner ces chimères dont je me berce l'esprit
sur l'avenir et sur un bonheur qui me fuira toujours,
il me conseille de chercher à réformer mon caractère
à rectifier mon jugement, à épurer mon esprit, et
à me nourrir l'imagination des beautés des auteurs
anciens. j'aurai assez de temps pour penser au
français, en me jetant dans la littérature française,
il m'apprend le plan qu'il m'a formé pour mon
étude et ma condition. et je vois que je ne puis être
heureux qu'en travaillant avec ardeur ces deux années
-ci. afin de me confirmer dans mes bonnes
résolutions j'ai fait en moi même toutes les raisons
=rement capables de m'y soutenir. je veux aussi
m'astreindre à des règles fixes et certaines qui
ne me paraîtront pas dures à observer parce que je
les aurai moi même établies. de son côté mon
père me fortifie par beaucoup de promesses. il fera
tout ce qu'il pourra, dit il, pour me donner du plaisir
si je lui procure toute la satisfaction qu'il dépend,

PORTEFEUILLE

A

ÉMILE BARY

ÉLÈVE EN RHÉTORIQUE AU LYCÉE NAPOLÉON,

CI-DEVANT LYCÉE NAPOLÉON,
LYCÉE HENRI IV, COLLÈGE ROYAL D'HENRI IV

PETITES ÉPHÉMÉRIDES

du 12 mars au 3 juillet 1815.

Forsan et hæc olim meminisse juvabit.

MES PETITES ÉPHÉMÉRIDES.

Quoi de plus agréable que le souvenir! Les années les plus heureuses de la vie sont, dit-on, celles que l'on passe au collège. Je n'ai pas encore éprouvé la vérité de cette pensée (du moins j'en parle ainsi en ce moment). Peut-être l'éprouverai-je dans quelques années, lorsque les souvenirs de mes jeux et de mes études viendront se présenter à moi, dégagés de toute idée de tristesse et d'ennui, et, au milieu du tourbillon du monde, reposeront mon esprit fatigué sur des sujets paisibles et quelquefois riants.

Afin d'aider ma mémoire, j'ai écrit ces petits détails. Ils ne sont que pour moi. Quel intérêt offriraient-ils à d'autres? Moi seul je pourrai me dire un jour avec plaisir : à pareil jour, à pareille heure, je faisais telle chose; j'allais à tel endroit; je pensais à telle personne.

Est-il bien utile de conserver si soigneusement des faits si petits, si insignifiants?

C'est du moins un passe-temps agréable. Qui m'en a donné l'idée? Borni et Bogin. — Borni, que nous imitons, est nommé *Mouton* à cause de son nom et de son caractère. Mais, en somme, nous ne sommes pas moins moutons que lui, puisqu'on dit que la gent moutonnière fait tout ce qu'elle voit faire à l'un de ses pareils, même quand il va se jeter à l'eau[1].

11 mars 1815. — Tout me paraissait tranquille en France, et je consacrais aux études le repos de la paix, lorsque, tout à coup, un bruit, qui ne fut que trop confirmé dans la suite, annonça l'invasion de l'Empereur, qui débarqua à Cannes, près de Fréjus, lieux pleins de grands souvenirs, voulant sans doute éblouir les Français par un de ces heureux rapprochements dont le génie sait toujours profiter pour augmenter son prestige séduisant.

Cette nouvelle sembla bien étrange! On n'y vit, d'abord, que le désespoir d'un furieux, qui venait chercher et donner la mort, pour ne point périr sans vengeance.

Le général Marchand promit, sur sa tête, de l'amener au Roi pieds et poings liés. Mais, avant

1. Toute cette préface est dans l'original en écriture cursive allemande ; sans doute pour exercer l'élève à écrire l'allemand, ou pour déconcerter les curieux.

de tenir sa parole, il a été tué, dit-on, par les habitants de Grenoble[1].

Bientôt on apprit que cette ville avait ouvert ses portes à l'Empereur et lui avait livré un parc considérable d'artillerie; qu'il était arrivé à Lyon, renforcé par de nombreux secours; que les princes étaient revenus à Paris; que le Dauphiné tenait pour l'Empereur, la Provence pour le Roi; enfin que la malheureuse France était menacée des horreurs d'une guerre civile.

Dimanche matin, je voulus à tout prix sortir du lycée, afin d'observer l'esprit public, et de guetter toutes les nouvelles. Toutes me semblèrent funestes pour les Bourbons. Le Roi se montre décidé, si la fortune penchait pour son ennemi, à attendre sur son trône, avec son chancelier à sa droite, M. Buonaparte; comme autrefois les sénateurs romains, assis sur leurs chaises curules, imposèrent aux Gaulois par leur calme majestueux. — Cette conduite, disait-on, embarrassera bien l'Empereur. — Peut-être la fidèle maison du Roi s'obstinera-t-elle à le défendre?

Que fera-t-on? Louis épargnera-t-il le sang de

1. Les troupes commandées par le général Marchand à Grenoble passèrent à l'Empereur; mais leur chef ne fut pas assassiné. — Les éclaircissements historiques mis en notes dans ce petit volume sont dus à l'obligeance de M. A. Ammann, professeur d'histoire au lycée Louis le Grand.

ses sujets, par le généreux sacrifice de son trône, en se faisant de nécessité vertu? — Car on croit dès ce moment la prise de Paris certaine. Les fidèles Chouans ont déjà fait, en partie, leur petit paquet, et fichu le camp. — M. d'Anhor a délogé sans tambour ni trompette, avec toute sa famille. — Le duc de Bourbon est parti pour la Vendée.

Je me promène à deux heures et demie, avec mon père, aux Tuileries et au Palais-Royal. La consternation est répandue sur tous les visages.... Quelques fleurs de lis, quelques cocardes blanches sur des chapeaux ronds, indiquent les sentiments de quelques zélés royalistes; mais le lis ne brille plus sur autant d'habits que deux mois auparavant. Les fleurs se flétrissent et tombent pendant l'orage.

Les autres personnes, plus prudentes, se taisent, et attendent l'événement. — Quelques polissons insultent au Roi, en criant : Vive le Roi! et interrompent seuls le morne silence de l'inquiétude qui règne partout. Je pense alors à la révolution sanglante qui a duré vingt-cinq ans dans notre infortunée patrie.

C'est ici, disais-je, en montrant le jardin du palais, c'est ici que les factions se formaient, et que des démagogues forcenés s'écriaient: « Les tyrans sont mûrs! Nous n'avons qu'à secouer l'arbre! Ils vont tomber! »

Eh bien! où donc est cette liberté dont on n'a connu que le nom? Qu'a-t-on gagné à tant de discordes civiles? Quelques avantages et beaucoup de maux. — Ne sommes-nous pas maintenant esclaves de ces soldats, de ces nouveaux prétoriens, de ces autres janissaires, qui vendent l'empire? Soixante mille hommes donnent un maître à vingt-cinq millions d'hommes!

Pour dissiper un moment mes craintes par une pieuse diversion, je vais à une heure à Saint-Sulpice, entendre M. Frayssinous. — Je ne suis pas très content cette fois de ce célèbre prédicateur. Est-ce bien étonnant? Était-il bien à sa chose? De si grands intérêts laissent-ils place à des pensées qui ont besoin du calme le plus profond?

Cependant un nombreux auditoire a affronté le danger, qui le menaçait, d'un peu d'ennui. Son discours, divisé, peut-être un peu trop méthodiquement, en trois petites parties, traitait des temples, des autels et des cérémonies sacrées. — Ce sujet, pour lequel les ouvrages de Massillon et le *Génie du christianisme* offraient de nombreux matériaux, ne nous a pas paru assez développé. D'ailleurs, l'auteur ne donne aucune preuve qui ne puisse aussi servir à d'autres religions. On a toujours été d'accord sur l'utilité des temples et des cérémonies sacrées. Là, on croit être plus près de Dieu, quoique Dieu

remplisse toute la nature, et une pompe religieuse, en rappelant les grandeurs infinies du
Très-Haut, porte dans l'âme attendrie des sentiments pieux, qui font taire tous les vains
sophismes dont l'incrédulité s'arme contre la
religion. Il s'agit de démontrer que les cérémonies chrétiennes sont revêtues d'un caractère
divin et l'emportent sur toutes les autres.

L'imagination riche et brillante de M. de Chateaubriand a prêté à toutes ces pratiques chrétiennes les plus grandes beautés.

M. Frayssinous n'est pas entré dans ces détails.
Sa diction, qui coule avec une étonnante facilité,
pèche quelquefois par des tournures uniformes
et des expressions trop souvent répétées, et
n'offre pas un coloris assez brillant. Parfois des
mouvements très oratoires animent le discours
de l'auteur. Mais si, cette fois, il n'a qu'effleuré
son sujet, il prendra sa revanche dans trois
semaines. C'est le premier orateur de la chaire
que j'aie entendu. Nous ne sommes pas dans le
bon temps; et s'il est permis de parodier la
satire, je dirai à peu près comme Boileau :

Il s'en faut qu'en ce temps si fécond en Achilles
L'on fasse des sermons comme l'on prend des villes.

Plusieurs visites ne servent qu'à nous confirmer les tristes nouvelles qu'on répand de tous
côtés. Soult, accusé de trahison, remet au Roi le

portefeuille du ministère de la guerre, et cède sa place à M. Clarke[1], duc de Feltre, son prédécesseur.

Une grande tristesse règne à la maison; la maladie prolongée et dangereuse de ma tante Dives cause à ma mère de grandes fatigues; mon père n'a pas le temps de se réjouir de la croix d'honneur, dont il vient d'être décoré.

Ce soir nous nous communiquons mutuellement au lycée notre provision de nouvelles; elles ne diffèrent pas pour le fond.

13 mars 1815. — Rentré au collège, je m'occupe plus de politique que de latin; j'ai plus souvent en mains la carte de France que mon *Conciones*. « Comment, en effet, me crie la paresse, en se colorant d'un prétexte spécieux, comment penser à des niaiseries quand tant de malheurs vont peser sur la patrie? »

Si l'on peut se permettre quelques réflexions plaisantes dans ces moments de crise, on doit bien rire de ces malheureux gazetiers, libellistes, écrivailleurs, qui ont vendu leur plume à ce gouvernement-ci, qui ont, pour ainsi dire, jeté des pierres à ce chien qu'ils voyaient se noyer et l'ont voulu faire mourir deux fois, comme le lion devenu vieux de la fable!

1. C'était sous Napoléon Ier, avant le premier retour des Bourbons, que Clarke avait été ministre de la guerre.

Que feront-ils, si l'autre revient? Fuiront-ils? Se tairont-ils? Vanteront-ils Napoléon? Rétracteront-ils leurs plates injures, en alléguant la triste nécessité où les réduisait la force ou la crainte, et en se comparant aux enfants poltrons qui chantent quand ils ont peur en marchant seuls, dans l'ombre de la nuit? — Le moyen est un peu usé, surtout pour eux, qui l'ont déjà employé le premier d'avril 1814; mais qu'ils ne désespèrent pas de leur salut! Quant à leur honneur, ils n'ont plus rien à risquer. — Ils devront leur grâce, et même de nouvelles récompenses, à plusieurs motifs, qui parleront en leur faveur : 1° au mépris qu'ils inspirent; 2° à l'effet contraire que produisent leurs virulentes déclamations; 3° à une troisième palinodie, qu'ils feront nécessairement; 4° à la générosité politique du vainqueur.

Heureux les caméléons littéraires qui, semblables à M. Kalepède[1], n'ont rien à craindre, quoi qu'il arrive! Le prudent républico-impérial-royaliste montrera aux Bourbons le discours qu'ils a prononcé en 1814, à la distribution des prix du lycée; et, à Napoléon, son éloge, composé par Esmenard, et qu'il a inséré dans ses recueils ; on craint seulement qu'il ne se trompe, et ne donne l'un pour l'autre.

1. Lacépède.

M. Dumas[1] défend aux élèves de crier : Vive le Roi! Il ne faut pas se compromettre[2]!

Je me console le soir par la lecture de la *Nouvelle Héloïse*. J'en achève la deuxième partie. Rousseau lui-même accuse de froideur quelques lettres, où l'esprit seul brille.

Ces étincelles d'esprit, qui pétillent çà et là dans des relations malignes, tout en m'amusant ne me font pas éprouver de ces sensations douces et délicieuses que donnent les transports de l'amour vivement exprimés par un homme qui les a sentis.

J'explique une comédie pastorale de Gessner. Les idées n'en sont pas neuves, mais elles sont agréablement contenues et développées dans un cadre très propre à les faire bien ressortir. L'allemand me délasse du latin et du grec.

14 mars. — Nouvelles de plus en plus affligeantes pour les zélés royalistes.

Les journalistes, ces menteurs officiels, avouent de terribles vérités : ils disent qu'une conjuration bien ourdie, et dont Paris était le foyer, a préparé les chemins à l'Empereur; qu'il est entré dans Lyon sans coup férir, parce qu'on avait eu soin de disséminer en France les troupes

1. Censeur des études au collège Henri IV; depuis proviseur au collège Charlemagne.
2. Toute cette partie est écrite en cursive allemande.

qui auraient voulu lui opposer de la résistance.

On attribue à Napoléon plusieurs traits de courage et de générosité. Je ne les rapporterai pas ici : car, s'il est vainqueur, les journaux amplifieront ces anecdotes, et je n'en aurai pas assez dit ; s'il est vaincu, j'en aurai trop dit.

Macdonald, duc de Tarente, arrive à Paris, abandonné par ses trois mille hommes. Extrême consternation !

Ces jours derniers, avant la revue, on avait donné une pièce de cent sous à tous les soldats. Aussi leurs cris témoignaient cette franchise qui sait mal farder la vérité : Vive le Roi ! Vive la pièce de cent sous !

Après avoir bu l'argent du Roi, ils crient : Vive l'Empereur ! Un officier leur reprochait cette ingratitude : « Qu'on nous donne encore cent sous, disent-ils, et nous crierons : Vive le Roi ! »

Quel doit être l'embarras de ces militaires ? ils aiment l'un de ces deux rivaux, et ils ont prêté serment de fidélité à l'autre ! ici la reconnaissance ; là le devoir. Et les ex-sénateurs, et les députés ? Et M. Lainé, et Marmont, et Chateaubriand, et Talleyrand ? Nous verrons comme cela se passera.

Le buste de Napoléon est replacé au lycée, dans un lieu plus honnête.

Il était temps que l'on ne chantât plus l'air chéri de *Henri IV* ; on en a les oreilles rebattues !

C'est toujours le soir qu'on fait courir les bonnes nouvelles; car les nouvellistes ont plus beau jeu pour faire croire à l'authenticité de leur marchandise. On ne peut la vérifier dans les feuilles publiques, et l'on y croit jusqu'au lendemain matin.

Lacomble est toujours à l'infirmerie; je vais l'y voir, à une heure.

Il paraît que l'Europe est dans une fermentation générale. L'Espagne défend contre Ferdinand les restes d'une liberté chancelante. L'Italie secoue enfin le joug de l'Autriche, et s'apprête à déclarer son indépendance. Le roi Murat, à la tête de cent mille hommes, va peut-être la soulever. Le roi de Sardaigne, ce vieux revenant, restera sur le trône, si c'est possible quand on est haï et méprisé de ses sujets. La Sicile demande Naples [1]. Le Danemark s'occupe des moyens de reconquérir sa Norvège sur la Suède, qui flotte entre Gustave et Bernadotte. La Pologne nourrit, dans la servitude, cet amour de la patrie et de la liberté qui fait toujours de grandes choses. L'Allemagne, et tout ce qui chez elle n'est pas Autriche ou Prusse, voudra sans doute faire un seul État libre. La Belgique, fatiguée de

1. Ferdinand, roi des Deux-Siciles, réduit à la Sicile pendant la durée de l'Empire, demandait au Congrès de Vienne qu'on expulsât Murat du royaume de Naples, pour qu'on le lui rendît.

ses libérateurs, soupire après ses anciens tyrans. Nous savons trop dans quel état est la France! Quoique des troubles populaires divisent Londres, l'Angleterre ne manquera pas sans doute, pour son agrandissement et pour sa gloire, de profiter des séditions dont chaque État développe le germe : elle va tomber sur le vainqueur et sur le vaincu!

J'ai un entretien assez agréable, à quatre heures, avec de Rapinstère.

Le soir, je profite de ce que je n'ai pas de devoir pour m'occuper de ce cahier.

15 mars. — On croit que si l'Empereur doit entrer à Paris ce sera le 20 mars, anniversaire de la naissance de son fils, Napoléon II, dont il se fait nommer le général; ou le 31 mars, jour de la prise de Paris. Le mois de mars offrirait bien des époques remarquables.

Les journaux exhortent à s'engager tous les hommes de seize ans jusqu'à trente. J'ai eu seize ans le 13 janvier 1815. On veut me faire grenadier! Trois cents élèves de l'École de droit vont partir volontairement.

Marseille met à prix la tête de l'Empereur : deux millions à l'assassin! Je crois qu'il ne jouirait pas longtemps du fruit de son meurtre.

Un farceur du lycée a présenté au duc de Berry une pétition de sa façon, au nom de ses

camarades, pour l'enrôlement des élèves. Entre
autres traits d'esprit, il dit que la plupart des
élèves sont pour le Roi! Le jeune Brayé peut,
s'il le veut, se mêler à la guerre civile; mais qu'il
ne nous suppose pas, de son chef, des intentions
aussi belliqueuses; qu'il ne nous expose pas à la
risée des journaux, ou à leurs éloges, ce qui est
pis encore. Laissons à M. Liautard[1] et à ses
jeunes tonsurés le soin de défendre le Roi, et
faisons des thèmes et des versions.

Je viens d'achever l'*Évandre et Alcime* de
Gessner. Quel homme a su mieux peindre l'innocence et la douceur des mœurs pastorales? —
Mais cette vie si agréable n'est que dans l'imagination de l'auteur. Oh! s'il y avait un pays où
des bergers et des bergères, coulant des jours
sereins, ne respirassent que le chaste amour et la
vertu et pussent apprécier tous les charmes de
la nature champêtre, j'irais... j'irais aussitôt dépouiller auprès d'eux les préjugés des villes, oublier toutes ces habitudes qui créent tant de
nouveaux besoins, et faire mon bonheur d'une
aimable simplicité et de la société de ces hommes
de la nature!

> Rura mihi et rigui placeant in vallibus amnes;
> Flumina amem sylvasque inglorius! O ubi campi,

---

1. L'abbé Liautard, ancien élève de l'École polytechnique, avait fondé sous l'Empire le collège Stanislas.

Sperchiusque, et virginibus bacchata Lacænis
Taygeta! O qui me gelidis in vallibus Hæmi
Sistat, et ingenti ramorum protegat umbra!

Je les trouverai ces campagnes riantes, ces
collines fertiles, ces forêts ombragées!... Dans
mes vacances, je les parcours quelquefois mon
Virgile à la main; mais j'y cherche en vain les
habitants tels que nous les dépeignent Théocrite,
Virgile, Gessner et Florian, aux bords du Gar-
don, du Mincio et de l'Aréthuse. Je vois quelquefois errer dans la prairie une trentaine de
moutons, sales, crottés, parfois galeux, marqués
d'une raie rouge, surveillés par un méchant
mâtin, dont je n'ose approcher, et conduits par
un jeune Tircis en haillons, fumant sa pipe ou
tirant de sa panetière un morceau de pain, du
fromage, et de la viande ; et, quoique la bouche
pleine, jurant et sacrant contre son chien, qui
aboie en me voyant!

M. Gentil, professeur de philosophie, est in-
disposé, et ne fait pas sa classe. Ma paresse se
réjouit de son absence. Cependant, si l'on a besoin de philosophie, n'est-ce pas surtout dans un
temps si critique, où l'on est menacé de perdre
la vie, ou ses parents, ou sa fortune, et de voir la
France teinte du sang de ses propres enfants!

M. Laya a été absent deux classes; les uns
attribuent sa maladie au dépit qu'il ressent de
se voir fermer les portes de l'Institut; d'autres

l'imputent à la crainte de perdre les deux mille francs de pension qu'il a reçus du Roi[1].

On défend aux gens honnêtes de jurer; c'est bien mal vu, puisque les princes jurent dans les tragédies. Par exemple, un grand personnage dit à un autre :

Vous, ministre sacré, *non d'un Dieu*, mais d'un homme.

9 heures du matin. — M. Naudet me donne quelques éloges pour ma petite critique sur la copie de Necuopranfedut (de Fauconpret[2]).

Quand on ne fait pas bien ses discours, on se console en mordant ceux des autres. Si on les mord avec justesse, on acquiert une espèce de petit mérite ; mais, comme dit Boileau, la critique est aisée, et l'art est difficile.

La population va, dit-on, se lever en masse ; Gallemond, rhétoricien, nous a donné l'exemple du courage ; il a filé du collège avec les externes, pour s'engager. Plusieurs maîtres en font autant. M. Edan, sous-caissier, partirait, sans un petit obstacle : il a une femme et cinq enfants! On parle de la défection des soldats de l'Empereur....

M. Naudet fait la classe à la place de M. Laya; il nous lit plusieurs morceaux du poème de *la*

1. En écriture cursive allemande.
2. Qui fut depuis directeur du collège Rollin. Il était fils du traducteur de Walter Scott.

Navigation, d'Esménard. Ils portent tous la marque d'un grand talent. Quelle force de poésie descriptive !

4 heures un quart. — Entretien vif et animé avec Rapinstère.

8 heures. — Au réfectoire, grands cris de : Vive le Roi ! mêlés de quelques cris de : Vive l'Empereur[1] !

16 mars. — Nous recevons un numéro du *Nain jaune*, auquel je suis abonné. C'est à mon tour de le garder jusqu'au 15 avril.

Une caricature, assez jolie, représente la constitution française, avec ses défenseurs, marchant au Corps législatif, montée sur un char brillant, malgré les efforts que font pour l'arrêter M. de Beauchamp-Marduel, Bridoison de *la Quotidienne*, et la roue sanglante, armée de faux, de tonnerres et d'éteignoirs ; des ânes attelés par derrière au char veulent en vain l'entraîner à Douvres. On voit des deux côtés plusieurs accessoires de circonstance.

Il y a relâche d'esprit pour *le Nain jaune* ; le sujet important de toutes les conversations s'accorderait mal avec la gaieté qui domine dans ce journal. Il conclut donc une trève momentanée avec les voltigeurs et les chevaliers de la girouette et de l'éteignoir. Dans quelque temps, il reprendra, dit-il, l'arme légère du ridicule.

---

1. En écriture cursive allemande.

8 heures et demie. — Messe. — M. Mayeu
parait, l'ennui à la main, c'est-à-dire portant
un mandement terrible. La lecture en a duré un
grand demi-quart d'heure.

Aucune nouvelle positive. — On prétend que
l'Empereur n'est encore qu'à Chalon-sur-Saône.

Je suis enrhumé du cerveau.

M. Bourdon s'est, dit-on, engagé pour prouver son dévouement; mais seulement pour faire
nombre et donner le bon exemple : si l'on marche, il ne marchera pas[1].

6 heures du soir. — Ah! Dieu! quand ne ferai-je plus de discours latins?

J'ai fini aujourd'hui la troisième partie de *la
Nouvelle Héloïse*. Comme c'est touchant! Quels
attraits dans cette lecture! Quelle éloquence déploie l'auteur, en parlant de l'adultère et du suicide! Elle est bien intéressante, cette Julie, modèle unique d'amour et de vertu! Ses faiblesses
sont rachetées par tant de qualités si nobles,
qu'on plaint moins ses fautes que l'on n'admire
sa grandeur d'âme!

Que cette sensibilité ferait aimer Jean-Jacques
Rousseau, si on ne le connaissait pas! Cette ré-
capitulation touchante des lettres d'amour des
deux amants, la scène charmante qui rappelle
à Saint-Preux tant de contrastes avec sa situa-

1. En écriture cursive allemande.

tion actuelle, sa généreuse résignation à un douloureux sacrifice, et mille autres détails portent dans l'âme un doux attendrissement. On n'aperçoit pas les sophismes continuels de l'auteur, car ils deviennent des vérités sous sa plume.

Ce livre, dangereux pour le sexe faible, me fait aimer la vertu; mais il ne la fait consister que dans une grande passion, qui élève l'âme et en fait mouvoir tous les ressorts : c'est une belle chimère, ou du moins l'amour ne peut donner d'aussi nobles impressions qu'à des héros, bien rares, surtout dans le siècle où nous sommes. Cependant tous les jeunes gens peuvent tirer de là une utile leçon : c'est qu'ils doivent voir dans l'amour la volupté du cœur, plus encore que celle des sens, et fonder leur affection sur l'estime pour l'objet aimé. — Avec le vice, il n'y a pas de bonheur.

17 mars, vendredi.—Temps incertain.— Restes d'humidité. — Je broche mon discours latin.

On veut faire partir quarante élèves de l'École polytechnique; ils veulent partir tous, ou tous rester, et montrent beaucoup de résolution.

Les troupes de Melun ne paraissent pas animées d'un excellent esprit.

3 heures. — Politique amusante de M. Lacapède[1]. — Jour presque nul.

1. Lacépède.

18 mars, samedi. — Même temps qu'hier. Je suis surpris à l'improviste par M. Naudet : « Monsieur Bary ! expliquez l'Eschine ! » — Je m'en suis galamment tiré, grâce au livre souligné du cardinal[1] Demory, mon voisin allemand. J'en ai été quitte pour quelques exhortations.

On prétend que l'on a pris à l'Empereur le général Amet.

Les journaux sont tous les jours pleins de virulentes déclamations contre Napoléon. Celles qui ont le plus de poids, ce sont celles de Martainville, engagé dans les volontaires royaux. Salgues, au défaut de l'exemple, donne les leçons.

On raconte que dans la séance royale au Corps législatif, le 16 mars, après le discours du Roi, prononcé par un temps sombre, un rayon de lumière a brillé tout à coup sur la figure vénérable de ce père du peuple.

Cette scène dramatique a été accueillie par les plus vives acclamations, tant le patriotisme pur et ardent des spectateurs a été ingénieux à saisir cette agréable allusion.

Je reçois une lettre de Tuericourt, mon ami. Ce pauvre garçon, effréné royaliste, est hors de lui. Il a perdu la tête. Sa lettre se ressent beau-

---

1. Allusion plaisante au nom du cardinal Maury, archevêque de Paris, et à celui de son camarade Demory.

coup du désordre de ses idées. Il a l'imprudence de m'accuser de bonapartisme, dans une lettre. — Je lui réponds, et lui fais ma profession de foi politique. — M. Delaplace m'accuse, à trois heures et demie, de lui donner beaucoup de babillage et fort peu de vers.

Midi trois quarts. — Avec le Roi est revenue la religion : elle n'est rentrée au lycée qu'autant qu'elle ne blessait pas les intérêts de M. Clérisseau, l'économe. Aussi, tant qu'on a cru avantageux pour la caisse de faire gras le samedi, on l'a fait, en étouffant les remords qui suivent un si criminel repas. Maintenant qu'il est reconnu que les œufs et les lentilles peuvent bourrer l'estomac à bon marché, nous faisons maigre. Passe pour le maigre ; de même, autrefois, on disait les vêpres le matin : on les dit maintenant aussitôt après le dîner, de sorte que chacun emporte à la chapelle les débris de son pâté, et y achève irrévérencieusement son petit festin ; et l'on a la bouche pleine, en même temps, des louanges de Dieu et des dons qu'il nous accorde pour notre nourriture....

Des bruits menteurs font croire au préfet de police que Montalivet fait au lycée ce que l'Empereur fait en France ; qu'il organise une bande déterminée de bonapartistes, force ses camarades à crier : Vive l'Empereur! sous peine de claques et de coups de poing. — M. de

Wailly, notre proviseur, ordonne à ses fils et aux trois frères Montalivet de porter le ruban blanc, afin de démentir ces indignes soupçons. Ils portent ce ruban sur leur gilet, endroit le plus proche du cœur.

J'explique le soir *Der Wunsch* de Gessner. Ce sont absolument mes désirs et mes propres idées, mais embellis par la richesse de l'imagination inépuisable de l'écrivain allemand (ou plutôt suisse). Oh! l'homme aimable et vertueux! que ne vit-il encore! que ne puis-je aller passer mes jours auprès de lui! Je m'en dédommage en dévorant ses écrits.

Je passe la récréation de midi avec Gibou, et celle de quatre heures avec de Rapinstère.

19 mars, dimanche. — Temps un peu humide, assez chaud. — Le sang me bouillait de rester au lycée dans ces moments de crise. — Afin de disposer mon père à m'emmener, je rappris un long discours du *Conciones*, car je n'aurais pu sortir sans le réciter.

Je trouve chez nous ma tante très malade, maman très fatiguée, mon père consterné; toutes les personnes que je vois sont dans le plus profond abattement.

L'Empereur a couché à Fontainebleau, et doit passer la nuit prochaine à Melun. Il va en calèche, avec une cinquantaine de personnes de son état-major, suivi à mille pas d'une avant-garde de 6 000 hommes. Le reste de l'armée est à deux journées de marche de lui. — On dit aussi que les Russes et les Autrichiens ont passé le Rhin, que 75 000 Hanovriens, Hessois et Bavarois, à la solde de l'Angleterre, campent à Tournay, et que 15 000 Anglais vont débarquer en Belgique, prêts à envahir la France au moindre signal.

Quelle occasion de se venger pour les autres peuples! Sous prétexte de secourir les uns et d'attaquer les autres, que de mal ils vont nous faire! Entre le sabre et l'éteignoir, que faire?

Le Roi va, dit-on, se faire porter dans son camp de Villejuif. Peut-être sa présence produira-t-elle un très bon effet; tous ceux qui auront un tant soit peu d'honneur pourront-ils se résoudre à trahir et à abandonner un vieillard de soixante ans, qui se confie à leur fidélité? — On prétend que, si la fortune lui est contraire, il se retirera dans les places du Nord, et, avec le secours de ses alliés, fera une guerre civile et étrangère aux autres parties de la France!

Une dame disait hier dans la foule: « Nous ne recevrons pas dans nos salons les jeunes gens qui ne se seront pas engagés.

— Mais, madame, lui dit son voisin, les recevrez-vous en particulier? »

Je vais chez M. de L..., qui est dans la désolation : on ne donne plus de bal ni de concert !

Après une longue promenade aux Champs-Élysées, je vais dîner à la maison ; puis nous allons prendre à son poste le garde national C., et du punch avec lui, et ensuite le chemin du lycée. — Au dortoir, nouvelles affreuses ! Plusieurs élèves ne rentrent pas ; on aime à se trouver avec sa famille dans un temps aussi orageux.

20 mars, lundi. — Temps printanier. — Oh ! la triste classe ! *Toto schola longior anno !* — *La Nouvelle Héloïse* me console un peu de mes chagrins ; mais l'histoire du cœur de deux êtres peut-elle détourner entièrement l'attention des événements d'un grand empire, de la destinée de nos familles, et de la nôtre ?

A dix heures, chacun court çà et là avec inquiétude ; on se questionne mutuellement. — Que dit-on ? — Connus ou non connus, on aborde tous ceux que l'on voit. — On apprend que deux régiments de Bonaparte sont entrés à Paris. On a vu dans la rue de la Harpe des coureurs crier : Vive l'Empereur ! Les ouvriers répondant par le même cri. — Le maréchal Ney, avec son armée, est de son côté ! Tout le camp de Melun l'a reçu à bras ouverts !... Pauvre

Louis XVIII! un si brave et si honnête homme! O Dieu! j'ai sur le cœur un poids de trois cents livres!

Le temps me pèse. Comment le tuer? — Hélas! l'année passée, c'était presque la même chose!... L'année passée! aux mêmes époques!... Que faire ici? Tout m'ennuie! Je prends un livre; aussitôt, je le quitte! — Dans quelle inquiétude est plongée ma pauvre mère!.. Et mon père? La douleur publique et les malheurs particuliers nous assiègent à la fois!

Midi. — Nous voudrions tous sortir. Nous le permettra-t-on?

> Je ne me connais plus aux transports qui m'agitent!
> En tous lieux, sans dessein, mes pas se précipitent....
> Le noir pressentiment, le repentir, l'effroi,
> Les présages fâcheux volent autour de moi!
>
> . . . .
>
> Voilà l'heure fatale où l'arrêt se prononce.
> Je sèche.... Je me meurs....,
> Chaque instant qui s'écoule empoisonne son cours,
> Abrège au moins d'un an le nombre de mes jours!
> (La Métromanie, acte V.

C'est un auteur qui est dans cette angoisse. Pourquoi? Pour une bagatelle, une pièce de théâtre! Et nous, quel doit être l'état de notre âme, quand les Français vont peut-être tous être détruits par les étrangers et par leurs propres mains! O ma patrie! — Si l'Empereur doit entrer à Paris, qu'il y entre donc sur-le-champ et nous délivre de cette incertitude!... Oh! si je pouvais aller voir mes parents, dissiper ou partager leurs craintes, recevoir d'eux ou leur donner des consolations! C'est maintenant qu'il faut resserrer les liens de la nature. Il faut se voir à loisir. Bientôt peut-être on se reverra dans le malheur ou l'on ne se reverra plus!... Plusieurs élèves se sont sauvés du lycée.—Que ne puis-je en faire autant?

Je reçois une lettre de Couturier; il émigre de Paris pour quelque temps. Il va à Nogent-le-Roi, département d'Eure-et-Loir, près de Chartres, chez M. Carré, propriétaire. Il veut que je lui écrive sous huit jours.

Midi trois quarts.—Effet d'une redingote et d'un gilet de laine, que j'ai donnés hier au garçon Ranetul : il vient m'apporter, de son propre mouvement, une part de langue.

2 heures et demie. — On fait cercle autour de M. Delaplace, et l'on parle politique avec lui : ses opinions changent entièrement!...

Quelle agitation règne partout! L'Empereur entre-t-il? Des cris retentissent de toutes parts.

3 heures un quart. — Les oreilles royalistes entendent : Vive le Roi! — Les autres, moins prévenues, distinguent : Vive l'Empereur! — Entrera-t-il demain 21 mars, anniversaire de la mort du duc d'Enghien?

Je cause avec *Naïf*[1]. A quatre heures, nous lisons ensemble *le Nain jaune*; il est plein de pensées équivoques et de relations politiques où l'on est obligé de lire entre les lignes; il va peut-être bientôt lever le masque !...

Quel bruit entends-je? Est-ce le canon?

8 heures. — On assure que l'Empereur est entré il y a une demi-heure dans Paris. Le drapeau tricolore flotte sur les Tuileries. J'entends crier de toutes parts, dans les rues : Vive l'Empereur!...

8 heures et demie. — Je retrouve au dortoir de Rapinstère, qui vient de revenir de chez lui; je m'endors au bruit des cris de : Vive l'Empereur! — Je crois même les entendre encore quoiqu'ils aient cessé, mon oreille s'habituant à répercuter ce son.

21 mars, mardi, 5 heures et demie. — Beau temps. — Je m'éveille donc sujet de l'Empereur! Voici peut-être les derniers jours où j'entende la cloche[2]. — Que je voudrais donc voir déjà les journaux!

1. Anagramme de Fain, dont le père était chef de la secrétairerie d'État de Napoléon Ier, et qui fut lui-même secrétaire des commandements de Louis-Philippe.

2. Sous l'Empire, c'était le tambour qui réveillait les élèves et les appelait aux différents exercices de leur vie d'écoliers. Sous la Restauration, c'était la cloche.

8 heures un quart. — Comment M. Naudet peut-il faire sa classe avec une aussi ennuyeuse exactitude ? — Correction, explication ! O dieux ! pendant que le malheureux Louis, après avoir, dit-on, licencié les siens, s'est retiré en Flandre ; pendant que l'Empereur Napoléon, rentré dans sa capitale hier soir, à sept heures, escorté du régiment de chasseurs royaux envoyé pour le combattre, et, après avoir couché aux Tuileries, règne, agit en maître, rend des décrets impériaux, crée des ministres, casse les deux Chambres, abolit la noblesse héréditaire, et regarde comme nul et non avenu tout ce qui s'est fait depuis un an ! Nous dévorons ses proclamations, dans lesquelles il dit que la victoire va marcher au pas de charge avec lui.

Je ne veux pas faire ici un récit historique des grands événements qui changent la face de la France, ni écrire des réflexions philosophiques sur l'inconstance de la fortune, et celle des Français, etc. Beaucoup d'autres l'ont fait ou le feront plus éloquemment que moi; je ne veux parler ici que de ce qui m'a le plus vivement frappé, et de mes sensations personnelles : c'est aujourd'hui ma seule consolation; je donne le change à mes inquiétudes en les décrivant.

La médaille des journaux est retournée : que d'éloges ! que de plates flatteries à l'objet de leurs injures et de leurs railleries d'avant-hier !

— Mais aussi ne sacrifions pas la vérité à la plaisanterie : Sont-ce les mêmes rédacteurs aujourd'hui qu'hier[1]?

Quant au *Journal de l'Empire*, ci-devant *des Débats*, je sais de bonne part que c'est le duc de Rovigo qui a envoyé l'article au rédacteur en chef, écrit de sa propre main.

Le *Journal général* dit, en parlant de l'Empereur, que Sa Majesté vient d'écrire la plus belle page de son histoire, en remontant sur le trône dans l'espace de vingt jours, sans verser une seule goutte de sang! Oh! qu'il en faudrait dire si l'on cherchait à épuiser ce sujet!...

Congé absolu depuis aujourd'hui jusqu'à lundi soir. J'avais d'abord résolu d'aller célébrer ma semaine sainte par une sainte visite à la campagne. — Autre temps, autre soin.

J'écris chez nous, à midi un quart, pour demander des nouvelles de mes parents, et leur insinuer doucement dans l'esprit qu'ils m'envoient chercher, au moins un ou deux jours. Je lâche à trois heures Bogin pour m'informer de la situation de mon père.

Les mathématiciens avaient résolu hier de faire l'inauguration du buste de l'Empereur sur la

1. Les articles alors n'étaient pas signés dans les journaux. Ils ne le sont que depuis 1830. — Le jeune écrivain devinait juste ; les principaux rédacteurs des *Débats* avaient été changés pendant la nuit.

chaise du lecteur, dans notre grand réfectoire ; cette farce a manqué.

Nous voilà délivrés de la pieuse tyrannie de l'évêque d'Halès ! — Nous avons déjà brisé la corde de notre cloche ! Le tambour bruyant va, de nouveau, accompagner tous nos exercices et prêter dans les rangs à nos voix glapissantes son fracas officieux qui étouffe celui de nos langues et nous dérobe à la punition. Adieu, nom pédantesque de collège : nous sommes redevenus lycéens, et très lycéens ! Pour la quatrième fois, depuis un an, on efface l'inscription de la porte du lycée, et l'on s'occupe de récrire : Lycée Napoléon.

4 heures. — Je cause avec Naif[1] ; je me souviens que, l'année passée, presque à pareille époque, le jour de la prise de Paris, avant et après, nous passions aussi ensemble plusieurs récréations, à méditer sur les inconcevables révolutions dont nous étions, si jeunes, les témoins, et nous cherchions à nous égayer par des plaisanteries de circonstance.

22 mars 1815. — Temps pluvieux. — Que la longueur du jour pèse à l'oisiveté ! Quoi ! je languis au lycée, dans ces moments si intéressants !... J'y perds des jours marqués par tant de révolutions

1. Camille Fain.

surprenantes, où je voudrais avec tant d'ardeur satisfaire mon insatiable curiosité! Ne pourrai-je donc pas voir l'Empereur? Il se montre souvent à son balcon. — Mais cela durera-t-il?

Cambacérès est nommé ministre de la justice; Fouché, de la police; Carnot, de l'intérieur; Caulincourt, des relations extérieures; Gaudin, des finances; Marais, d'État; Decrès, de la marine. Montalivet est intendant général.

Expressions progressives d'un homme prudent: « Quoi! ce Corse vient de débarquer en France? — Bonaparte est entré, dit-on, à Grenoble! — Est-il vrai que Napoléon soit maître de Lyon? — L'Empereur couchera ce soir à Fontainebleau! — C'en est fait! Sa Majesté Impériale va entrer dans Paris! »

Nous passons dans le quartier de mathématiques; nous sommes là étrangers, loin de nos camarades plus heureux que nous, et de nos livres, inutiles dans un tel moment! — Ce petit exil me rappelle l'exil plus affreux de ces pauvres émigrés, qui, après avoir un moment réchauffé leur cœur au soleil de la patrie, vont traîner aux terres lointaines les restes d'une vie toujours malheureuse! La France, disais-je, il y a quelques jours, va être purgée de cette lâche et insolente canaille! — Aujourd'hui, c'est leur situation et non leurs fautes qu'il faut envisager. Adieu, hommes infortunés!...

10 heures. — O *Nouvelle Héloïse*! Charmante Julie, que tu me fais passer de doux moments! Qu'elle est touchante cette promenade à Meillerie! Que ces souvenirs d'une passion si déplorable ont de charmes pour une âme sensible! Je l'ai lue, je l'ai relue, toujours avec un nouveau plaisir! — Rousseau, dans ses *Confessions*, arrache à sa modestie cet aveu si franc, que la quatrième et la sixième partie de *la Nouvelle Héloïse* sont des chefs-d'œuvre de passion et de style....

1 heure. — Trost vient au lycée; il nous annonce que le Roi est à Lille et que les deux Chambres sont restées à Paris.

Un pair disait hier à un de ses confrères : « Je suis bien embarrassé! Je serai peut-être forcé d'aller aux Tuileries, les circonstances.... Au surplus... j'ai toujours dit que l'Empereur était un grand homme.... Reconquérir un empire en vingt jours, sans brûler une amorce! »

8 heures moins 9 minutes. — Je viens de lire *la Chaumière indienne*. — Ce petit ouvrage est charmant, plein d'idées très philosophiques, fort agréablement exprimées, et de détails simples et touchants, dignes de l'auteur de *Paul et Virginie*, dont tous les écrits respirent une morale si pure et une sensibilité si exquise.

Voici le résumé de *la Chaumière* : Il faut chercher la vérité avec un cœur simple; on ne

la trouve que dans la nature ; on ne doit la communiquer qu'aux gens de bien ; et, de plus, on
ne peut être heureux qu'avec une bonne femme.

Je suis distrait dans ce moment par les gri-
maces du Jalloniste Jagellon[1].

Bogin ne m'a apporté hier au soir de la maison
que des nouvelles insignifiantes. Je gênerais chez
nous !... Il faut pourrir ici, toute la semaine....
Voilà un vrai carême[2] !...

1. Plaisanterie sur le nom de Jallon porté par un camarade.

2. On s'étonnera peut-être, comme le jeune rhétoricien lui-même, qu'il ait été comme abandonné dans
un tel moment par un père ordinairement si plein de
sollicitude. Cet abandon apparent s'explique par les
occupations qu'imposaient à M. Bary père, pendant le
changement si rapide de gouvernement, les délicates
fonctions qui lui étaient confiées. Déjà en 1814, à la
première invasion, il avait eu à défendre les archives de
l'État créées par lui. M. le comte Boulay de la Meurthe
a raconté, dans le *Bulletin de la Société de l'Histoire
de Paris* (numéro de juin-juillet 1889), l'actif dévouement qu'il avait alors montré. Il est vraisemblable que
sa tâche n'était pas moins ardue au mois de mars 1815.

Voici du reste comment M. Boulay de la Meurthe
raconte ce petit épisode historique, qui touche de près
à notre sujet particulier en même temps qu'à l'histoire
nationale :

*Extrait du discours prononcé par M. le comte Boulay de
la Meurthe, et imprimé dans le* Bulletin de l'Histoire
de Paris *de juin-juillet* 1889.

. . . .

Ce fonds de la secrétairerie d'État du Consulat et de

23 mars, jeudi saint. — Petites pluies continuelles.

8 heures. — Messe. Trop long sermon de

l'Empire s'était formé avec méthode de. . . . . . .
. . . .
L'installation s'était faite dans la galerie du Louvre, et
la garde de ce trésor de gouvernement avait été confiée
à M. L. Bary, nature droite, dévouée, véritable type de
l'archiviste, dans un temps où les seules vertus qu'il dût
pratiquer étaient la ponctualité et le silence. En 1814,
quand la campagne de France fut entrée dans la période
décisive des revers, M. Bary fut mandé un matin de
bonne heure au palais des Tuileries. On était au 29 mars.
La veille, les avant-gardes des alliés s'étaient montrées
dans les environs et le conseil de régence avait décidé
que l'impératrice ne devait pas s'exposer aux hasards
d'une dernière bataille. Prête à partir, Marie-Louise fit
dire à M. Bary, par le secrétaire de ses commandements, le baron de Méneval, qu'elle ne pouvait songer
dans une telle extrémité à se faire suivre des archives
du cabinet impérial. Elle ordonnait que les papiers qu'il
serait dangereux de conserver fussent brûlés sans retard ;
les plus importants, parmi ceux qu'il importait de mettre
en réserve, devaient être soustraits, le mieux possible,
soit aux chances de pillage, soit aux investigations des
souverains étrangers, qui prenaient visiblement position
pour forcer l'entrée de la capitale.

Le même jour, au bruit des apprêts tumultueux de la
lutte, et le lendemain, pendant que le canon grondait
aux barrières de la ville, M. Bary s'acquitta courageu-
sement de ses tristes obligations. Aucune indication précise ne lui avait été donnée, et le triage des pièces à
détruire était abandonné avec une entière confiance à sa
probité et à son discernement. En honnête homme, il

notre aumônier l'abbé Mayeu, l'ex-curé constitutionnel de Saint-Sulpice. Je n'aime pas les sermons ; mais toute ma vie je prierai Dieu chaque

jugea qu'il devait supprimer les documents qui pouvaient défrayer une curiosité malveillante, provoquer ou justifier des vengeances privées. Les rapports des diverses polices, les dossiers des menées anarchiques et des conspirations royalistes, les notes confidentielles sur le personnel, puis, dans un ordre d'idées différent, les papiers intimes sur la maison du souverain et sur sa famille formèrent la large part du feu. Au milieu d'une précipitation inévitable, quelques liasses furent sacrifiées par méprise ; d'autres, et notamment les lettres de Louis et de Joseph Bonaparte, les incidents du second mariage de Napoléon, échappèrent par oubli au brasier qui devait secrètement les consumer.

En même temps, M. Bary, aidé de ses auxiliaires habituels, se hâtait de préparer des cachettes. Il ne pouvait en trouver d'assez amples pour dérober à tous les yeux une masse de papiers qui remplit encore dix-huit cents cartons, et était alors presque double de ce qu'elle est aujourd'hui. Forcé de choisir, il mit à part environ quatre cents liasses qu'il connaissait comme les plus importantes pour l'histoire de la France. C'étaient les minutes des lettres dictées par l'Empereur, ses campagnes en Italie et en Égypte ; c'étaient aussi ses négociations, avec tous les rapports des ministres des relations extérieures. A la suite des salles occupées par l'ensemble des archives s'étendait une galerie demeurée sans emploi : les appuis des fenêtres y furent descellés, les papiers désignés furent enfouis sous la maçonnerie, puis, la porte étant soigneusement refermée, la pièce reprit l'aspect sombre et solitaire d'un logement inhabité.

Après avoir ainsi accompli en silence le double devoir

jour, je l'adorerai; j'aimerai et respecterai mes parents et mon prochain; je chercherai à me corriger de mes défauts, à pratiquer la vertu, à

imposé à sa discrétion, M. Bary s'était assis à son bureau, s'attendant à toute heure à recevoir la visite de quelque agent des Russes, des Prussiens ou des Autrichiens, entrés le 31 mars dans Paris vaincu. Un commissaire parut en effet au Louvre le matin du 4 avril, mais au lieu d'être un étranger, chargé de mettre à l'épreuve la fidélité patriotique de M. Bary, c'était un Français, M. de Villers, délégué par le gouvernement provisoire, qui venait d'obtenir du Sénat la déchéance de Napoléon. Le nouveau venu n'annonçait qu'une mission temporaire, celle de s'assurer du service, de recevoir les clefs, d'apposer partout les scellés d'usage. A force de questions, il apprit que les répertoires n'existaient plus, il entendit parler de feu et de cachettes. Il rendit compte de ces révélations, et le 7 avril, quand la défection de Marmont eut ruiné les dernières espérances de l'Empire, il revint muni de nouveaux ordres de son gouvernement. Tandis que M. Bary était appelé au ministère de la police pour s'expliquer sur les destructions opérées, M. de Villers rouvrait les portes qu'il avait closes la veille, pénétrait dans le local mystérieux, et, sous prétexte de rétablir un inventaire, faisait retirer et remettre en place tous les papiers dissimulés avec tant d'artifice.

On risquait ainsi de les découvrir aux convoitises des alliés, qui pensaient déjà à réclamer les documents de source étrangère amoncelés à Paris par le seul droit de la conquête. Il était clair qu'en livrant à des dangers prochains les principales richesses du cabinet impérial, M. de Villers ne se proposait pas seulement d'en dresser des catalogues. Les soupçons de M. Bary prirent bientôt faire le bien, et je tâcherai d'apporter à Dieu quelques bonnes actions.

M. Mayeu (qui a quatre-vingts ans) a prié aujourd'hui pour Napoléon, ce qui ne m'a pas étonné!

Quel ennui! tous mes camarades sont sortis!

J'ai commencé une pièce de vers de circonstance :

Louis, du roi martyr malheureux héritier,
Vaincu par le grand nom de son rival altier,
Fuyait en gémissant une ingrate patrie.
Acceptant des Anglais l'humiliant secours [1],

une telle force que ce serviteur intègre, toujours dévoué à son dépôt, et plus ému que le jour où il consommait régulièrement des sacrifices du moins nécessaires, résolut de dégager ce qui lui restait de responsabilité et de s'adresser au comte d'Artois, ou plutôt au confident du prince, au baron de Vitrolles, dont le crédit balançait alors l'autorité ébranlée du gouvernement provisoire. M. Bary se bornait à des allusions ; mais, sans hésiter, sollicitait la remise entre ses mains d'archives dont il était depuis l'origine le gardien vigilant et qu'il importait, disait-il, de conserver « intactes » pour éclairer l'histoire et servir la monarchie. Ce vœu ayant été compris et écouté par M. de Vitrolles, M. de Villers fut obligé, le 22 avril, de remettre les scellés, cette fois contre lui-même, et un mois plus tard, après le rétablissement solennel du trône, M. Bary reprit officiellement possession de son poste avec le titre d'archiviste particulier du Roi.

. . . .

1. Louis XVIII, en réalité, ne quitta pas le continent.

Il allait sur le sein d'une terre ennemie
Pour la seconde fois passer ses tristes jours.
Du Français exilé, protecteur politique,
Et d'un faible monarque allié despotique,
L'Anglais vend un asile au vertueux Louis.
Le prince, s'éloignant de la rive française,
Tourne vers les Français des regards attendris,
Et bientôt sa douleur en ces plaintes s'exhale[1].

Quoique je sois en train d'écrire des vers, je n'insérerai pas ici une petite complainte traduite de l'allemand de l'inconnu Chubart.

J'ai aussi traduit il y a un an deux morceaux poétiques de Gessner. Mais, à un autre jour!... J'ai oublié ces péchés-là.

Pour satisfaire mon ardeur de citations, je vais transcrire quelques vers de moi :

A DÉLIE.

J'expire, hélas! j'expire à la fleur de mes ans!
Je quitte sans regret les douceurs de la vie.
Mais perdre pour toujours une amante chérie,
Ne jamais la revoir! oh! douloureux tourments!
Approche! viens fermer ma mourante paupière....
Déjà la pâle mort étend sa faux sur moi.
Ah! que mes yeux éteints, à mon heure dernière,
Te regardent encore et se fixent sur toi!
Adieu! viens! viens baiser mes lèvres expirantes,
Que je te serre encor de mes mains défaillantes!

Il se réfugia à Gand; mais Napoléon aurait voulu le contraindre à se réfugier en Angleterre.

1. Toute cette partie est écrite en écriture cursive allemande.

Plus je relis ces vers, plus ils me semblent faibles. Et pourtant j'étais plein de mon sujet en les écrivant. Je me représentais étendu au lit de mort, entouré de mes tristes parents; plein d'une tendre émotion, je versais de douces larmes et répétais avec mélancolie ces vers si touchants du sensible Tibulle, que je n'ai fait que paraphraser :

> Te spectem suprema mihi cum venerit hora,
> Te teneam moriens deficiente manu.

J'ai composé aussi une chanson sur le sommeil, un soir que je ne pouvais dormir. Malheureusement, je n'ai été plein de mon sujet qu'après l'avoir achevée. Elle était un peu matérialiste. Je ne le suis qu'en chanson

Revenons à la prose. Je joue avec Bogin, à une heure, à un jeu fort amusant : nous nous entrelaçons les bras, dos à dos, et, tour à tour, nous nous baissons en avant, en soulevant notre camarade, qui s'élance en l'air, avec un libre essor.

24 mars, vendredi saint. — Temps adouci, assez sec. — Je m'habille proprement ce matin, au risque de ne pas sortir; ces préparatifs engageront peut-être à m'emmener ceux qui viendront me voir aujourd'hui.

7 heures et demie. — Le sermon est le même que l'an dernier; je n'ai pas oublié que le mot d'*iniquité* y est répété vingt fois.

9 heures du matin. — Coutard a la complaisance de porter à la maison une lettre un peu sèche, dans laquelle je reproche à maman l'inquiétude où elle m'a laissé, en ne me donnant aucune nouvelle. Un moment après, je reçois une lettre de mon père. — Il m'annonce qu'il me viendra chercher demain samedi saint.

L'heureux Camille Fain va partir pour la campagne; et moi, je reste! Son père est dans la plus haute faveur; il l'a méritée, l'homme de bien! l'homme le plus honnête de France!

Je lis *l'Arcadie*, petit poème en prose dans le genre des *Études de la Nature*, par M. Bernardin de Saint-Pierre. Cet ouvrage devait être divisé en trois parties. Il n'y en a qu'une d'achevée, intitulée *la Gaule*. La barbarie de ces peuples aurait fait contraste avec la civilisation de l'Arcadie, et la corruption de l'Égypte. — Le cadre me paraît ressembler un peu trop à celui de *Télémaque* : deux voyageurs, battus par la tempête, sont faits prisonniers par des sauvages; séparés l'un de l'autre, et l'un, près d'être immolé en sacrifice aux dieux du pays, reconnaît tout à coup son ami, qui avait acquis de la considération chez les Gaulois, ses compatriotes. Ils combattent ensuite contre les ennemis de leurs hôtes, comme le fils d'Ulysse, en Sicile. Ils adoucissent les mœurs de nos pères, comme Télémaque vivifie les déserts de l'Égypte, dont la description offre des rapports avec le tableau des Gaules. Mais, en revanche, on reconnaît dans cet écrit l'homme de la nature, qui la peint avec des couleurs très naturelles. J'ai lu avec un grand plaisir trois ou quatre fictions nouvelles que les Grecs n'auraient pas dédaignées, telles que celles de l'origine des lis et de la pomme de Sifionne (Vénus). — Les notes sont curieuses; il y en a une très intéressante sur les sons que rendait au lever de l'aurore la statue colossale de Memnon.

25 mars, samedi saint. — Je vais à la messe. — Pluie. — L... me charge d'aller savoir des nouvelles de M. S... dans notre rue, n° 26.

Il fait un mauvais temps pour ma sortie; il est déjà neuf heures et demie! Tardera-t-on encore? Ne viendra-t-on pas?

Je sors avec G... à dix heures et demie.

Plusieurs courses assez ennuyeuses, d'autres plus amusantes.

La politique est le sujet de toutes les conversations. C'est d'abord intéressant; mais on entend et l'on dit presque toujours les mêmes choses; on ne peut pas changer d'opinion selon les personnes que l'on voit, et l'on ne varie pas assez les expressions.

Grand désordre à la maison : ma grand'tante est très malade, et maman abîmée de lassitude.

Mon père est sans place[1] ; on ne peut changer de maître comme on change de livrée[2].

Nous allons passer la soirée chez M. Quénault. J'en reviens tout endormi.

Dimanche, 26 mars. — Pâques, messe. — Beau temps à midi. — Je lis longtemps dans mon lit le *René* de M. de Chateaubriand. Quel plaisir cet ouvrage m'a causé ! Le style, quelquefois taché par le mauvais goût, est harmonieux et brillant. René est un jeune homme sensible, malheureux et mélancolique, dont l'âme, ne trouvant aucun objet capable de l'attacher, ressent un vide affreux ; et, se plaignant sans cesse de maux chimériques, il désirerait en éprouver de réels, qui pussent occuper son cœur, las de la vie. Il veut se décharger du pénible fardeau de l'existence ; il donne tous ses biens à sa sœur chérie, dont l'aimable société a fait le bonheur de son enfance. Amélie, recevant sa lettre, et instruite de ses funestes projets, vole dans ses bras et exige de lui l'inviolable serment de respecter ses jours.

1. Après avoir été receveur des contributions à Graetz, en Styrie, à Brest, à Saint-Pol en Pas-de-Calais, M. Bary père était archiviste de la secrétairerie impériale d'État au Louvre, fonction qu'il garda jusqu'à sa mise à la retraite, en mars 1848.

2. Écrit en caractères grecs.

Vaincu par sa sœur, René reçoit ses tendres caresses, et passe avec elle un mois délicieux.

Bientôt, cependant, il lui trouve un ton mystérieux; elle lui semble entretenir une correspondance secrète.... Enfin, un jour, il ne la retrouve plus dans sa maison, et voit sur sa table une lettre qu'elle lui a laissée à son départ, dans laquelle elle lui annonce ses combats et sa résolution de se retirer dans un couvent. Elle lui conseille de se marier et lui parle de l'hymen dans les termes les plus passionnés. Son frère, ne sachant d'où viennent ses desseins, et plein d'étonnement, va la rejoindre à son couvent. En passant, il rencontre sur son chemin le château de ses pères, qui appartenait alors à un maître étranger. Il visite les champs, témoins des jeux et des promenades de son enfance; enfin, en touchant le seuil natal, il est près de tomber en défaillance. Eh bien, lui dit le concierge, allez-vous faire comme cette étrangère qui, en venant ici, il y a quelques jours, se trouva mal et que je fus obligé de reporter dans sa voiture? — L'infortuné jeune homme est frappé de surprise, et reconnaît sa sœur!... Que cette scène est pathétique! René va au couvent, mais ne peut voir sa sœur, qui lui écrit pour le prier de ne pas troubler son pieux repos; de supporter leur séparation nécessaire avec résignation, et de lui servir de père dans la cérémonie sainte

qui va enfermer ses jours dans les murs sombres
d'un cloître. René y consent avec peine; il médite les plus sinistres projets.... Le jour fatal
arrive; René, pâle, défait, chancelant à la vue de
la triste Amélie, tient le voile virginal, et, par
hasard, lui entend prononcer ces mots : « Dieu!
comble de biens un frère qui n'a point partagé
ma passion criminelle! »

Ces paroles éclairent René et font éclater son
amour naissant, dont il ne s'était pas rendu
compte. Il tombe dans les bras d'Amélie et trouble
le sacrifice.... On l'emporte sans connaissance.....
Il revient à lui.... La cérémonie était achevée!

Dans son désespoir, il passe en Amérique, y
apprend bientôt la pieuse mort de sa sœur, et
périt lui-même, après avoir traîné dans les déserts du Nouveau Monde une vie déplorable.

Tel est le squelette décharné de ce livre qui
fait verser de si douces larmes.

Les détails les plus pittoresques, une sensibilité exquise, la description philosophique des
monuments de l'Italie et de ceux de la Grèce, la
peinture naturelle des campagnes riantes, enfin
la délicatesse avec laquelle l'auteur gaze son
sujet, si difficile à traiter, toutes ces qualités
assurent un rang distingué à ce délicieux roman,
et le placent à côté d'*Atala*.

Entre autres pensées neuves, ou embellies par
le charme de l'expression, ou développées par une

comparaison heureuse, j'ai remarqué celles-ci :

« Une colonne est debout dans le désert, comme une grande pensée, qui s'élève dans une âme, dévastée par le temps et le malheur. »

« Quel cœur si mal fait n'a pas tressailli au son des cloches natales!..., etc. » Tout le morceau est parfait.

« Le soir, l'indifférence passait sur sa tombe, et, hors son fils et sa fille, c'était comme s'il n'eût pas existé. »

« Un an après sa mort, j'en reçus la nouvelle, et pendant que quelques amis pleuraient sa mort d'autres étaient déjà consolés.... »

« Il n'est rien de si poétique qu'une tête de seize ans; le matin de la vie est comme celui de l'année, plein de pureté, d'images et d'harmonie. »

Cette idée m'a frappé : j'ai seize ans. Si mon esprit est si peu poétique, n'est-ce pas parce qu'il est retenu par mille entraves? Si, au milieu des beautés de la nature, on lui laissait un libre essor, il pourrait s'élever plus haut : la contemplation des choses célestes et la vue des agréments champêtres m'agrandiraient l'imagination ; la campagne, une fiancée, un ami et des livres, voilà ce qu'il me faudrait!

Je vois dans ce livre un frère et une sœur brûlant d'un amour mutuel, et combattant cette passion. Elle est illégitime aux yeux de la Société ; et pourtant l'exemple des peuples de l'antiquité l'autoriserait. Plusieurs peuples, tels que les Persans, les Égyptiens, les patriarches juifs, les sauvages, ne défendaient pas les mariages entre frères et sœurs, mariages qui ont été indispensables entre les enfants de nos premiers parents.

Le paganisme et les religions égyptienne et guèbre[1] l'autorisent par les illustres exemples des dieux. Jupiter et Junon, Isis et Osiris, etc. Mais on prétend que l'union de ces sangs fraternels, qui viennent de la même source, est nuisible à l'espèce humaine, et abâtardit les races. On s'appuie même de l'exemple des Bourbons, qui, ne formant d'alliance qu'avec leur propre famille, ou les maisons de Savoie et d'Espagne, sont devenus indignes du trône de leurs pères, et ont dégénéré si honteusement de ces antiques vertus. Mais cette opinion est-elle prouvée?

Je vais chez Mme de C..., où je vois sa filleule, la jeune V..., qui va se marier à un jeune employé de dix-neuf ans. La crainte de la conscription a fait naître dans le cœur sensible de ce jeune homme un amour soudain, qui, ne pouvant se satisfaire trop tôt, a fait projeter et conclure l'hymen en trois jours.

La demoiselle est dans la désolation.

1. Nom injurieux donné par les musulmans de Perse aux descendants des anciens Persans restés fidèles à la religion de Zoroastre.

On me charge de l'interroger sur cet article. La position était embarrassante pour un novice aussi gauche que moi. N'importe! La voyant faire un ouvrage de broderie, j'ai débuté par lui demander si c'était un ornement nuptial, quand aurait lieu la fête, si elle aimerait son mari, etc. Ne la connaissant guère, je ne pouvais pas lui faire des questions trop hardies.

Je vais déjeuner chez le docteur C.... Je n'y trouve pas le fils. J'y vois un vieux militaire qui m'a donné la mesure du caractère de beaucoup d'autres soldats; les b... et les f... voltigeaient sur sa bouche. Il ne parlait que de ses campagnes, de ses blessures, de ses disputes, de son argent, annonçant toujours qu'il ne reculerait jamais et qu'il avait la main au bout du bras.

La présence d'une jeune dame de la compagnie, à laquelle il adressait des compliments fort militaires, ne l'empêchait pas de raconter des histoires assez graveleuses, qu'il assaisonnait de fort gros sel.

Il avait, l'année passée, envoyé au ministère un plan pour la défense de Paris.

Je fais avec mon père une promenade assez amusante aux Tuileries et au Palais-Royal. J'entends crier partout :

« Achetez des cocardes tricolores! Elles sont moins salissantes que les blanches : elles dureront plus longtemps!... »

Je ris beaucoup en voyant les voitures des maires de Paris (qui sont toujours les mêmes), et vont adresser à l'Empereur leurs félicitations.

Depuis quelque temps, l'empressement pour les nouvelles politiques se refroidit, et ce n'est pas étonnant : on n'apprend presque plus rien de nouveau. Le trône impérial paraît consolidé pour le moment; mais aura-t-on la guerre avec les puissances étrangères ou non? C'est là l'importante question.

Le Roi est sorti de France avec la plus grande partie de sa famille. Il s'est retiré en Flandre[1], escorté de six hussards qu'il a forcés de le quitter à la frontière. L'infortuné monarque leur a dit adieu en les embrassant tendrement. C'est ainsi que s'exprime le *Journal général* du 6. Je ne croyais pas des gazetiers susceptibles de compassion.

Cette malheureuse famille des Bourbons! Après avoir vu tomber sur l'échafaud les têtes royales des siens, et l'anarchie, et le carnage désoler sa patrie; après avoir été abreuvée d'opprobres et de misère et avoir gémi vingt ans dans une terre ennemie, elle est remontée sur un trône chancelant, environné d'obstacles au bonheur de la France, ayant à contenter les

---

1. Dans la Flandre belge, accompagné de Berthier.

prétentions excessives de ses fidèles mais méprisables serviteurs; et la voilà, de nouveau, replongée dans les calamités, et mendiant un asile dans les cours étrangères!

Un décret impérial établit la liberté de la presse et supprime la censure.

3 heures. — M. Laya est assis aux Tuileries, avec son épouse. Il est pâle comme un convalescent, ou plutôt comme un rentier à qui l'on retranche, non pas un quartier, mais une pension entière de deux mille francs, et une décoration.

Je rencontre Lacomble, se promenant avec son oncle.

Après le dîner, je lis une analyse critique très méchante, très spirituelle et très injuste de *la Nouvelle Héloïse*, par Servan. L'auteur fait ressortir avec force la conduite paradoxale des personnages du roman.

Rien de remarquable dans cette soirée. Je joue bourgeoisement quelques parties d'écarté.

27 mars, lundi de Pâques. — Mon frère, il y a trois ans, est mort un lundi de Pâques! — Temps pluvieux.

Je lis *la Chartreuse*. Ce joli ouvrage ne m'était jusqu'alors connu que de nom. Le style de Gresset, plein d'élégance et de poésie, coule avec une étonnante facilité. Le seul défaut que j'y trouve, c'est la longueur démesurée de quelques périodes, dont il est difficile de suivre le sens, et qui ne permettent pas au lecteur attentif de reprendre haleine.

Quand on n'a rien à faire, on peut se promener toute la journée. Nous allons chez la duchesse de R.... Nous y sommes bien accueillis. On me force d'y prendre un excellent déjeuner. Je partage les jeux de quelques petits enfants de la maison. Ils sont très aimables et très complaisants. Comme ils ne peuvent s'élever jusqu'à moi, je descends jusqu'à eux.

Après une courte promenade aux Tuileries, nous revenons à la maison.

J'ai oublié de dire que j'ai vu l'Empereur, qui se montrait à sa fenêtre aux Tuileries, le samedi, 25 mars.

Le soir, je lis *le Méchant* et *Vert-Vert*, deux divins ouvrages, qui, avec *la Chartreuse*, placent Gresset au rang de nos premiers poètes. Que d'esprit et de grâce dans *Vert-Vert*!

Cette pièce de vers fut regardée dans le temps où elle parut comme un phénomène littéraire.

Le Méchant est un chef-d'œuvre pour le style et la peinture des mœurs du siècle. Si cette comédie est faible par l'intrigue et la force comique, elle offre, en revanche, d'excellents détails, des portraits bien tracés, des caractères bien soutenus, et une diction tout à la fois simple, élégante, correcte et naturelle. Je ne connais pas de vers plus joli que celui-ci :

Elle a d'assez beaux yeux pour des yeux de province.

On peut dire de Gresset :

Il fait d'assez beaux vers pour des vers de collége.

Huit heures et demie sont sonnées! Il faut partir pour le lycée.

Dans le chemin, nous nous entretenons d'un homme dont le caractère me paraît assez original pour en rapporter ici une faible esquisse.

A Grætz, en Styrie, où mon père a été receveur des contributions, M. L..., homme de beaucoup d'esprit, connut, en 1810, M. Salas, secrétaire du Bon de Bret. Cet homme extraordinaire avait une singulière philosophie, et professait une admiration aveugle et déréglée pour les littératures allemande et anglaise. Il parlait plusieurs langues : le français, l'allemand, l'italien, l'anglais et l'esclavon. Il savait par cœur et débitait souvent : Schiller, Shakespeare, Goethe, Klopstock et Milton. Il négligeait tous ces petits et vils besoins de la nature humaine, tels que la nourriture, le vêtement et le sommeil. « Oh! je ne pense pas à tout cela, disait-il ; c'est au-dessous de moi! Cette nuit je n'ai pensé qu'au héros de ma tragédie. Dans quelle position Schiller l'a placé! Quel intérêt! Comment va-t-il s'en tirer?...

Oh! votre littérature n'a aucun chef-d'œuvre parfait comme nos grands ouvrages et ceux d'Angleterre! Vous appelez perfection un genre de convention constamment soutenu; nous préférons, nous autres, la simple nature. Notre génie rompt les entraves que vous imposez au vôtre. — Ah! la belle nature que ces fossoyeurs de Shakespeare, qui se battent à coups de têtes de morts, et chantent des chansons à boire! Voilà des tragiques! — Comment?... vous n'admirez pas ces fossoyeurs, qui commencent la pièce d'une façon si naturelle, si gaie, et qui empêchent le spectateur de s'affecter trop profondément en lui donnant d'abord une sensation agréable? Dans les palais, on ne voit pas que des princes; il y a aussi des domestiques, des gens subalternes. La vie est d'ailleurs un mélange continuel de choses tristes ou gaies. »

Un jour, lassé de la vie, il demanda à M. L... ses pistolets. Comme on le connaissait, on les lui donna. — Une heure après il vint les rapporter : « Monsieur, dit-il, vous allez me mépriser de ce que je ne me tue pas; mais j'ai changé d'idée; je vais encore essayer de la vie. Voyons si elle me sera plus souriante! C'est une épreuve à tenter.... Je suis dans la même situation que X. dans... de Schiller. Il prend ses pistolets, mais il ne se tue pas, et voici ce qu'il dit... (Alors, il récite un long monologue.) O Schiller! ô Klop-

stock! vous êtes mes seules consolations! »
M. L... lui avait persuadé de s'exercer à la ga-
lanterie, et d'écrire quelques lettres de compliments et d'amour à quelques jolies dames. Ses
épîtres étaient d'un style si ampoulé, si empha-
tique, que dans les sociétés tout le monde en
riait, excepté lui. « Vous, disait-il, qui n'avez que
de l'esprit, vous ne dites pas de ces choses-là !
Nous autres, qui suivons l'élan de notre imagination, nous nous élevons plus haut, au-dessus
de votre portée.

« Je ne vous conçois pas, vous autres Français !
vous dites à nos dames les choses les plus im-
pertinentes, qu'aucun de nous ne se permettrait.
— S'en fâchent-elles ? — Non ; mais il vaut mieux
se taire. — Vous en aiment-elles mieux, vous
qui vous taisez ? — Non, il est vrai ; mais si nous
leur parlions ainsi, elles nous en voudraient ;
car il y a manière de tout dire ! »

FIN DU PREMIER CAHIER.

28 mars 1815, mardi. — Temps pluvieux.

6 heures. — Ah! qu'il est dur de se remettre au travail, après un congé de huit jours! qu'il est pénible de s'arracher à une douce oisiveté lorsque la paresse a eu le temps de gagner notre cœur! Je l'éprouve en ce moment : afin de faire du repos à l'étude une transition un peu agréable, j'écris à mon ami émigré près de Chartres. J'envie la tranquillité dont il jouit dans sa retraite, pendant notre commune anxiété. Je lui annonce ce qui concerne ma famille, et lui débite quelques nouvelles : que M. de Fermon est nommé président du Conseil d'État et M. de Montalivet intendant des biens de la Couronne, que Marmont et MM. Desmoreau et Talleyrand se sont réfugiés en Angleterre[1], etc... Ma lettre roule ensuite sur la circonspection que l'on doit garder dans une correspondance pour les opinions politiques, règle dont il doit se faire à lui-même l'application.

1. En réalité, Marmont et Talleyrand avaient accompagné Louis XVIII à Gand.

Je le prie de m'écrire longuement, et de causer avec moi par lettre, sans me dire de ces trivialités insignifiantes : « Je te demande bien pardon de t'avoir fait si longtemps attendre ma réponse..., J'ai fait ceci, j'ai fait cela, j'ai été là, donne-moi de tes nouvelles, porte-toi bien. Adieu, etc. » — C'est un reproche indirect de la brièveté et de l'ineptie de ses lettres. Nous verrons ce qu'il en arrivera. J'attends de lui une relation agréable et détaillée de ses amusements champêtres.

A la classe du soir, M. Naudet me fait expliquer l'Homère. Il a le talent de trouver dans les vers grecs des beautés et de l'harmonie. Pour moi, je n'élève pas si haut mon intelligence. Avant de sentir les perfections d'un livre, il faut en comprendre le sens ; ce que je ne peux faire qu'avec le secours d'un voisin souffleur. Je répondais avec assurance à ses questions, à tort et à travers, ce qui le faisait rire, et désarmait sa sévérité.

4 heures un quart. — J'ai avec de Rapinstère une conversation animée ; il me raconte plusieurs aventures[1].

6 heures. — Qu'on est heureux de ne rien faire ! J'ai à piocher un discours latin et des vers. Mais je n'y pense pas. C'est pour plus tard. Ces deux devoirs se perdent dans l'océan de l'avenir.

Et mon *Nain jaune* ! je l'oubliais !

---

1. En écriture cursive allemande.

Le rédacteur du journal était dans une situation assez comique : accusé de bonapartisme ainsi que les censeurs, il avait appelé en calomnie le rédacteur de la *Gazette*. L'affaire tombe, parce que les assignés n'ont aucun intérêt à se montrer et que les demandeurs gagneraient à perdre leur procès.

Le Nain jaune lève le masque, annonce la nécessité où l'a mis l'ancien gouvernement de parler en mal de Bonaparte et de retrancher la moitié d'un de ses numéros, et montre ses véritables sentiments.

Entre autres articles fort plaisants, j'ai remarqué une allégorie ministérielle.

C'est un sous-machiniste de l'Opéra qui représente aux directeurs le mauvais choix qu'ils ont fait des employés du théâtre.

On voulait, dit-on, forcer les employés du ministère de l'intérieur à faire une prière avant leur travail, pendant le carême.

Comme on n'avait pas déterminé cette prière, voici comme ces messieurs la firent :

Opérez un miracle, et faites, ô mon Dieu !
Que l'abbé Montesquiou devienne un Montesquieu[1].

Le miracle n'a pas eu lieu.

Le duc de Berry avait fait annoncer à une ca-

1. L'abbé de Montesquiou-Fezensac était ministre de l'intérieur sous la première Restauration. Cette prière a été quelquefois attribuée à Guizot.

serne qu'il la visiterait, à l'heure du repas. Il se fit attendre longtemps. Enfin il vint, et goûta la soupe. « Monseigneur, lui dit un de ces braves, vous la trouverez un peu froide. Vous êtes venu trop tard ! » Le duc eut la maladresse de se fâcher.

M. Bouvier-Dumolard est nommé préfet de la Sarthe.

29 mars, mercredi. — Temps printanier.

Jour presque nul, qui n'est remarquable que par la beauté du temps. Le printemps, si chéri des amants, nous ramène la gaieté. Le marronnier de la terrasse est déjà verdoyant.

Demory me demande en classe si je le note dans mes souvenirs. « Quant à toi, me dit-il, je n'ai pas besoin d'écrire ton nom pour ne pas l'oublier. »

M. Laya reparaît aujourd'hui.

Ce soir, c'est Mylord Pouff, autrement dit la Grenouille, et surnommé Vallé, qui fait l'étude.

30 mars, jeudi. — Anniversaire du siège de Paris, jour néfaste. Beau temps, dont nous ne pouvons profiter. Voici pourquoi :

La prière, que l'on fait depuis quelque temps dans les classes, m'a toujours paru une atteinte à la charte constitutionnelle. On proclame la liberté de conscience, et cependant on force tous les élèves de se lever en classe, de faire le signe de la croix, et une prière qui ne convient pas à toutes les religions, quoiqu'il y ait parmi nous beaucoup de protestants et de juifs, et l'on exclut par conséquent des chaires de professeurs les protestants et les juifs, qui, bien certainement, ne feront pas cette prière, et donneront leur démission.

Quant à la messe du jeudi, c'est différent : on en exempte les luthériens; mais elle doit être aussi proscrite pour nous :

1° Parce qu'elle ennuie ;

2° Parce qu'elle a été établie par le Roi, et que tout ce qu'a fait le Roi est déclaré nul et illégitime.

Dans cette pensée, nous convînmes ce matin de *futare campum* dans la cour, quand la messe sonnerait.

A huit heures, nous nous élançons en foule hors des quartiers, rassemblés en groupes et criant de toutes nos forces : « A bas la calotte et les calotins ! » — Les maîtres d'étude veulent en vain nous rappeler à l'ordre : nous restons un quart d'heure à nous promener, en riant de cette petite révolte. Mais en rirons-nous toujours ? — A une petite lucarne, paraît, tout à coup, le *saint homme* indigné. Nous jouissons de sa colère : « Mais qu'est-ce que c'est que cette conjuration-là ? »

M. de Wailly (le proviseur) se montre : tout

fuit; on se serre les uns contre les autres et l'on rentre dans les quartiers. M. de Wailly, à coups de pieds, à coups de poings, tombe sur la bande fugitive, attrape les plus paresseux, entre autres moi. Mais, me reconnaissant, il se contente de me faire quelques reproches. Je ne me pressais pas, pensant qu'il s'escrimerait avec nous plus doucement. Alors il se tourne vers les autres. « Ce n'est pas ici, c'est à la chapelle qu'il faut aller. » On se met en rang, on monte quatre à quatre les escaliers, et l'on va à la messe. — Après l'office, auquel M. le proviseur assiste pour la première fois de l'année, on nous conduit à l'étude pour toute la journée. Ensuite M. de Wailly vient dans les quartiers et annonce qu'à cause de cette escapade, qui pouvait donner au dehors une très mauvaise idée de la discipline, des mœurs et de la religion du lycée, nous resterions ici pendant la promenade, à copier la messe, qu'on nous priverait d'exeat pour long-temps, et qu'on nous tiendrait avec plus de sévérité. Voilà notre punition. Nous craignions seulement qu'on ne cherchât à nous réduire par la famine, en nous privant de déjeuner jusqu'à ce que nous allions à la messe, ou que l'*homme de Dieu* ne descendît dans la cour, armé d'un vaste bénitier et d'un immense goupillon, et, d'une main victorieuse, ne répandît à grands flots les bénédictions sur ce troupeau fuyard de brebis, qui se serait en vain dérobé aux effluves sacrés.

J'ai copié la moitié de la messe : il n'y a pas d'allemand ; je ne puis rien faire…. L'esclavage m'abrutit.

J'entends les cris bruyants des petits qui jouent dans la cour. Ce n'est donc pas pour nous que ce beau soleil anime la nature, que les arbres rajeunis se parent d'un feuillage verdoyant !

Indigné de la tyrannie de nos maîtres, qui, sans daigner nous parler *raison*, nous chassent devant eux comme de vils animaux, je tourne mes idées vers la liberté et l'indépendance. Je lis alors *Brutus*, de Voltaire. — Cette tragédie respire les plus nobles sentiments. Les rôles de Titus, d'Aruns et de Brutus me paraissent fort beaux [1].

Enfin le gentil *Nain jaune* vient égayer nos ennuis. Il est très méchant et très spirituel.

Il donne une description fort comique d'une assemblée de girouettes, qui votent une adresse à Bonaparte. Elle est la même que celle d'hier au Roi ; seulement on change « gouvernement paternel » en « règne glorieux », « douceurs du repos » en « besoins de la gloire », « Henri IV » en « Charlemagne », « bénigne influence du lis » en « puissante protection de l'aigle impériale… »

----

1. En écriture cursive allemande.

Autres bons mots :

Le prince de Bienauvent a vendu tous ceux qui l'ont acheté.

Le maréchal Augereau vient de faire une proclamation qui est la réfutation la plus victorieuse d'une autre, faite l'année dernière, par Mgr le duc de Castiglione. Mgr d'Artois est un Achille... aux pieds légers.

Dans l'Almanach royal de 1815, les prêtres et les étrangers passent avant les militaires ; on ne voit que des abbés et des évêques pour ministres. Voici ce qu'on lit dans un journal anglais : « Hier, après la messe, Mgr l'évêque d'Autun a présenté sa femme au petit-fils de saint Louis. »

Les palais et les grandes maisons ne sont plus peuplés des mêmes personnes, mais on voit toujours les mêmes dans les antichambres.

On cite un modèle du style et de l'orthographe du duc de Bourbon, et du duc d'Havré et de Croy.

L'Empereur a dit : « Je ne crains pas de donner la liberté de la presse ; en un an on a tout dit sur moi. »

31 mars. — Jour néfaste. — Prise de Paris. — Printemps superbe. Pluie le soir.

Discours broché. M. Naudet me le lit. Il y trouve quelques bonnes choses ; mais le discours en général, manqué.

10 heures et demie. — Je pioche mes vers pour la première fois depuis six semaines. Mais je suis puni de ma paresse par une place encore plus mauvaise que je ne le craignais.

Voici les places : 1 Dufaud, 2 Saurier, 3 Robin, 4 Montalivet, 5 Defauconpret, 6 Lefebvre, 7 Chatelain, 8 Gibon, 9 Canier, 10 Destaplandes, 11 Bary, 12 Rabou, 13 Labinski, 14 Dubloc, 15 Duperron, 16 Taunay, etc.

Les mathématiciens n'ont pas plus voulu écrire la messe qu'ils n'étaient disposés à l'entendre. Ils sont à l'étude jusqu'à ce qu'ils cèdent. Mais, ne se révoltant qu'à demi, ils boudent contre eux-mêmes. M. de Wailly est venu aujourd'hui dans leurs quartiers, a donné à Chauveau un coup de poing, qui l'a fait se trouver mal, et a déclaré à ces messieurs qu'il les chasserait tous du lycée impitoyablement s'ils persistaient à ne pas faire leur pensum. Ils sont résolus à ne pas le faire. Nous verrons à quoi aboutira cette petite révolte.

Les insurgés, irrités contre nous, nous accusent de lâcheté. Le fait est que nous n'avons été instruits de leur résolution séditieuse qu'après avoir achevé nos pensums. Nous ne pouvons donc pas les imiter.

L'Empereur abolit la traite des nègres[1].

1. Le Congrès de Vienne, ennemi de Napoléon, venait de prendre la même mesure.

Je lis, dans le *Journal général*, des citations d'une infàme brochure contre le Roi. Le journaliste n'ose pas hasarder de réflexions; il les laisse, dit-il, au lecteur. Le feuilleton rend compte de quelques vers sur la pluie et le beau temps, dans lesquels on lit, avec plaisir, deux petits épisodes sur le malheur de deux jeunes filles, qui doivent leur chute, l'une au beau temps, l'autre à la pluie. Tout chemin mène à Rome.

> Pervenere parem metam diversa secutæ.

1er avril, samedi. — Temps céleste. A cinq heures, séduit par la douce fraîcheur du matin, je me lève et je vais dans la grande cour, avec Jallon, faire une délicieuse promenade d'une demi-heure. Oh! que je voudrais être à la campagne, pour jouir du printemps! J'irais gagner de l'appétit pour le déjeuner par une longue marche, errer dans les champs avec un livre, ou cueillir des fruits dans le jardin, ou fatiguer une bourrique en trottant au village voisin, monté sur sa dure échine! *Fata obstant.*

M. le proviseur se tire du pas dangereux où il s'était engagé, en nous exemptant le jeudi de la messe, à condition que les mathématiciens la copieront. Nous recueillons avec eux les fruits d'une entreprise dont nous n'avons pas partagé les périls.

M. Naudet me lit une mauvaise version grecque.

Notre Université est changée; elle est réorganisée sur son ancien pied. M. de Lacépède est nommé Grand Maître; M. Villaret, grand chancelier; M. Delambre, trésorier.

Je passe la récréation d'une heure à manger des pruneaux.

M. Laya lit un vieux discours de Julien. Il y trouve de bonnes choses, mais de la faiblesse.

2 avril, dimanche. — Temps chaud. A cinq heures du matin, nous voulons recommencer la promenade d'hier; mais Godin, cerbère du dortoir, a fermé la grille. M. Bourdon (notre surveillant général), vigilant Argus, nous avait aperçus! Je commence à lire dans mon lit.

2 heures. — J'achève mes vers. Les remontrances de M. Delaplace m'ont tiré de ma paresse.

Mon père vient me voir après les vêpres. Il me donne de pénibles nouvelles sur la santé de maman et sur celle de ma tante. Il a des craintes. Il va désormais s'occuper tout entier du latin et du droit; il veut acheter avec *mon* argent une grammaire latine de Port-Royal, ce qui dérange un peu mes projets d'abonnement à l'école de natation.

La guerre semble inévitable à mon père. Il m'accompagne un moment à la promenade[1].

1. En écriture cursive allemande.

M. Jeanne nous mène à Villejuif. Déjà assez fatigués, nous marchions lentement et à regret, lorsqu'un banc de pierre, placé près de notre route, nous invite au repos, sur son siège hospitalier. Plusieurs élèves s'y assoient. M. Jeanne de crier après eux, et eux de courir à leurs rangs, et moi avec eux. Mais je formais l'arrière-garde, avec Labinski. Le maître, qui ne pense pas comme Jésus-Christ que les derniers doivent être les plus récompensés, nous donne à chacun trois cents vers à copier. Trois cents vers! Je suis indigné de cette tyrannie. Cet homme, qui a de très longues jambes, prétend qu'une longue marche les délie, et il nous accable de fatigue. Il croit apparemment aussi que les pensums délient les doigts, et il en veut faire sur moi l'expérience.

Pour me soustraire à sa méchanceté despotique, j'ai plusieurs projets : 1° de ne pas faire mon pensum avant qu'il ne me le demande ; 2° de lui parler alors raisonnablement ; 3° s'il ne m'écoute pas, de demander justice à M. Dumas ; 4° en cas de refus, à M. de Wailly ; 5° de lui donner un mauvais papier, que me fournira M. Le Rosier ; 6° d'en faire le quart.

Pendant ce temps, quelques-uns de nos camarades étaient plus heureux que nous : deux compagnies du lycée, Moranet et Valerais, allèrent au Champ de Mars, où toute la vieille garde, rassemblée avec les maréchaux Suchet et

Davoust et les généraux Cambronne et Curial, donnait un dîner national à douze cents gardes nationaux. On les laissa entrer, à cause de leur uniforme, dans cette vaste enceinte, où dînaient ces vaillants grenadiers, aussi braves à table que dans les combats. Mais on n'admit qu'avec peine les maîtres d'étude, qui n'étaient que des *pékins*.

Le général Curial, passant près de notre florissante jeunesse, la fit asseoir à table avec les soldats. Il y avait une quarantaine d'élèves, et, Gibon[1], entre autres, était placé entre six bons lurons. Ils demandaient aux nôtres s'ils avaient des fusils, des tambours, etc..., leur faisaient beaucoup d'amitiés, en les appelant leurs enfants, leurs successeurs, l'espérance de la patrie.... Ils les exhortaient à *taper dur* sur les pâtés, les poulets, les rôtis, et toutes les provisions (*munitions*).

De temps en temps, on avait les oreilles étourdies du cri mille fois répété de : Vive l'Empereur! Il eût été alors impossible à un royaliste, placé au milieu de ces grenadiers, qui élevaient leurs verres et leurs voix à la santé de l'Empereur, de ne pas partager leurs cris. D'ailleurs

1. Depuis, professeur de philosophie et auteur d'ouvrages estimés pour l'enseignement de la philosophie. Professeur pendant près de trente ans à ce même lycée Henri IV, il fut mis à la retraite en 1858.

c'eût été une ingratitude, dînant avec l'argent de Sa Majesté !

Les maîtres d'étude regardaient leurs élèves boire et manger.

3 avril, lundi. — Pluie et mauvais temps. Je lis trois contes de Marmontel : *les Erreurs d'un bon père*, *Palémon*, et *les Solitaires de Murcie*. Le premier est touchant et offre un grand intérêt. C'est un fils, chassé de la maison paternelle par une marâtre et qui retrouve ensuite son père, etc. Le second est assez joli ; mais la pastorale est usée. Le troisième est charmant. Les amours de Formose et de Valérie, leur faute, leur séparation, leur fuite, enfin leur reconnaissance, tout intéresse le lecteur.

Je suis tourmenté par de chers souvenirs. Heureux celui qui n'a pas voyagé ! Il n'a pas laissé son cœur à des objets chéris, qu'il ne reverra plus. Mille chimères se croisent dans mon imagination et ne me laissent aucun repos.... Je sens un vide dans mon âme.... Partout ces idées me poursuivent[1]....

4 avril, mardi. — Humidité. — M. Naudet prétend avoir perdu les copies de composition en version latine, et nous fait composer ce matin.

Le devoir roule sur la grandeur d'âme.

1. En écriture cursive allemande.

Que le souvenir agit sur l'homme puissamment!... Les fantômes de ce qui n'est plus m'assiègent pendant ma composition. J'ai été heureux deux ans, quatre ans même ; mais, hélas ! sans en avoir conscience.... Je ne le serai plus !...

Felices nimium pueros sua si bona norint!

Je reçois une lettre de C... ; il m'annonce son retour à Paris. Quelle brièveté ! quelle sécheresse dans ce qu'il écrit ! — Pas une pensée. Aussi je lui ferai une réponse peu agréable.

Hier au soir, à l'étude, *Asini* me qualifia de l'épithète non méritée de.... Indigné de cette sanglante injure, je lui écris un petit billet, et lui demande satisfaction.

« Je suis à ton service. — Bon. — A la fin de l'étude. » — Nos deux voisins, Delyonne et Paulmier, instruits malgré nous de l'affaire, se proposent d'être nos témoins, afin que le duel soit dans les règles. Je passai fort tranquillement une heure et demie à achever mon discours français. Enfin l'heure va sonner. Je boutonne mon habit. Je ris avec mon voisin et je médite déjà le plan d'attaque. J'entends huit heures. *Asini* s'est déjà élancé dans la cour. La nuit propice prêtait son voile funèbre à ces horribles préparatifs. Avec mes deux témoins, je suis de près mon adversaire. Je l'atteins. Voilà les deux antagonistes en présence.

Il était comique (et j'en avais moi-même fort envie de rire, car je n'étais pas du tout en fureur pour ce combat) de nous voir tous deux, partagés entre la crainte et l'espérance, nous toisant l'un l'autre, serrant les poings, et n'attendant que le signal. — « Ah çà ! me dit mon rival, nous ne nous battrons pas à bras-le-corps, parce que.... » Tout à coup, les témoins, que je croyais attirés à ce duel par le désir de repaître leurs yeux des coups de poing et des soufflets, s'avancent au milieu de nous : « Messieurs, avant de se battre, il faut s'entendre : Pourquoi vous battez-vous ? » — « Tu m'as insulté cruellement, dis-je à A...; d'un mot lâché légèrement, tu as déchiré ma réputation. » — J'explique mes griefs. — Il me répond qu'il a eu tel motif. Je lui prouve la fausseté de ce qu'il dit. Il avoue qu'il a pu très fort se tromper, qu'une autre fois il s'en rapportera moins aux apparences. Enfin on rapproche nos mains l'une de l'autre ; elles se touchent, se serrent ; nous nous quittons bons amis, en riant, grâce aux deux conciliateurs, Delyonne et Paulmier. Si l'on s'expliquait toujours ainsi avant d'aller aux voies de fait, que de coups d'épée seraient épargnés !

5 avril, mercredi. — Beau temps. M. Naudet, le matin, me donne quelques éloges pour ma version latine : « Du désespoir de l'avare

volé ». Il oublie de nous dicter un discours latin. Maître N., honteux et confus, jurera, mais trop tard, qu'il ne l'oubliera plus.

Le Nain jaune s'aplatit. Je le vois avec peine tomber sur M. Duvicquet, mon ex-professeur de seconde, qu'il nomme un littérateur ; mais aussi pourquoi M. Duvicquet va-t-il se faire journaliste [1] ?

M. Laya me donne, pour mon discours de Julien, des éloges, mêlés de quelques restrictions.

M. Jeanne me confisque *le Nain jaune*, à son profit. Il me le rend.

6 avril. — Superbe temps. — Bordeaux [2] et plusieurs villes du Midi sont soumises. On ne sait pas si l'on aura la guerre ou la paix.

Mon père vient me voir avant la promenade. Ma grand'tante est toujours très malade.

Nous allons nous promener au bois de Boulogne. Je cause avec Labinski, Bréville et Laugier [3].

---

1. M. Duvicquet, ancien membre des Cinq-Cents, puis professeur à Henri IV, avait recueilli en 1814 la succession du critique Geoffroy au journal des *Débats*.

2. La duchesse d'Angoulême avait essayé de maintenir Bordeaux dans l'obéissance à Louis XVIII.

3. Stanislas Laugier, né en 1798, mort en 1872, est devenu ce chirurgien si estimé et si apprécié qui a donné son nom à plusieurs méthodes chirurgicales. Il était membre de l'Académie des sciences, section de médecine et chirurgie.

Je profite du doux repos dans lequel nous laisse l'inadvertance de M. Naudet, pour m'occuper de mes propres idées. Mon âme est toujours dans le même état.

Quelle lâcheté, quelle mauvaise foi montrent dans leur conduite nos supérieurs ! Malgré leurs promesses, ils ne suppriment pas la messe du jeudi !

Je vais jeter ici les idées que je médite depuis longtemps, pour une soixantaine de vers français. Je rimerai plus tard cette prose.

Je ne sais quel nom on doit donner au genre de poésie que j'ai choisi.

Un jeune homme, renfermé dans les murs du lycée, écrit à son amie :

« O toi, dont le nom fait palpiter mon cœur, chef-d'œuvre du ciel, qui fis naître en moi les premiers feux, entends la voix plaintive de ton E...[1]. Enfermé dans ma docte prison, exilé loin de toi, je gémis en silence. Franchissant la ténébreuse horreur de ces murs, mon âme s'élance vers toi et ton image présente à mes yeux me donne quelquefois un vain fantôme de bonheur. Bientôt, désabusé de cette erreur trop aimable, je n'aperçois autour de moi que de sombres visages, de farouches tyrans, la menace à la bouche, la férule à la main, et des troupes bruyantes

---

1. Émile.

d'enfants, dont l'âme n'est pas encore ouverte à l'amour! Pour moi, nourrissant ma douleur, je promène dans la solitude silencieuse mes rêveries attendries.

« Ah! si, du moins, je pouvais épancher dans le sein de l'amitié mes secrets et mes ennuis! je ne serais qu'à demi malheureux; ne pouvant te voir, je parlerais de toi; — mais les insensibles riraient de mes tourments. Ils n'ont pas encore aimé! Pourraient-ils plaindre un amoureux? Sait-on compatir aux maux que l'on ignore?

« L'étude ne m'offre plus d'attraits. Les Grecs, les Romains, leur histoire, leur langue, me chargeraient en vain la mémoire; je ne vois que toi seule, dans le vaste univers.

« Tant de sciences et d'arts me sont inutiles. Ils ne m'apprennent pas à toucher ton cœur. Qu'un pédant me force de faire des vers dans la langue de Virgile, sur un aride sujet, ma veine abattue s'épuise en vains efforts. Mais, s'il faut te célébrer, adorable A[1]..., un transport poétique embrase tous mes sens. Amour est donc le dieu des vers?

« Oh! Si tu pouvais sourire à des vers que tu as

1. Angélique X..., un peu plus âgée qu'Émile Bary, avait été sa petite camarade de jeu à Saint-Pol. Après une absence de quelques années, le lycéen, revenu à Saint-Pol chez des amis pour y passer les vacances, y avait retrouvé Angélique, devenue une jeune fille.

inspirés et mouiller d'une larme le papier confident de mes ardeurs! Heureux ton ami, si, au milieu d'une jeunesse idolâtre, dans le tumulte des villes, auprès du monde séducteur, tu n'oublies pas celui qui a passé avec toi son enfance..., etc. »

Je travaille quelquefois à ces vers ; mais je cesse trop souvent d'y travailler. Il faut chaque fois se mettre en situation.

Je joue à la balle pour la première fois de l'année. Mon adresse et un trou que j'ai à ma culotte font de grands progrès.

Le soir, lecture du divin Parny. *La Journée champêtre* est un fort joli petit poème. Il offre des détails charmants et des tableaux riants et voluptueux.

7 avril, vendredi. — Jour nul, si ce n'est qu'il nous rapproche des vacances. Beau temps.

8 avril, samedi. — Beau temps. Les mêmes idées me tourmentent....

Terrible version grecque, pour laquelle M. Naudet ne me donne pas d'éloges. Il s'est bien vengé de nous.

Je lis le décret suivant, donné par l'Empereur : « Tous ceux qui ont fait partie de la maison civile, ou de la maison militaire du Roi, sont tenus de s'éloigner de trente lieues de la

bonne ville de Paris, après avoir prêté le serment voulu par les lois, sous peine d'être surveillés par la haute police, etc. » — Voilà qui
m'inquiète. Pour dissiper mes craintes, je cause
avec de R.... Toutes les fois que sa conversation
aura eu pour moi de l'agrément, j'ajouterai une
étoile au jour dont je me rendrai compte.

MALADIE DE MA TANTE.

Un mal lent et cruel va peut-être la conduire
au tombeau. Une indigestion et un vomissement
ont commencé la crise. Depuis un mois, elle
souffre et languit. Elle a contre elle une hydro-
pisie momentanée, qui enfle tous ses membres,
et soixante-dix-neuf ans. Elle est soutenue par
les soins maternels de sa nièce, et par une forte
constitution.

Elle désirait me voir, et parlait souvent de
moi. Cependant, ma vue ne lui a causé qu'un
plaisir médiocre.

En entrant dans sa chambre, je l'ai aperçue,
enveloppée de tristes vêtements, étendue sur
son lit, pâle, immobile et me jetant des regards
presque éteints.

Croyant voir un fantôme, je frissonnai. Malgré mon chagrin, je tâchai de porter près de sa
couche de douleur un certain esprit d'observa-
tion, et je voulus saisir les traits de la mort.
Ma tante pensait peu à cet instant fatal. Elle ne

le doit pas craindre; car sa vertu, sa bonté, sa piété (quoique poussée à l'excès et très superstitieuse), lui ont préparé les voies du ciel. Si, cependant, elle pensait à la mort, elle la craindrait; mais elle s'abuse, et ses idées ne s'étendent pas plus loin que ce qui l'entoure : la pluie, la boue, la lune et le printemps sont toujours ses préoccupations. Elle n'a pas du tout perdu la tête. J'ai remarqué que la vieillesse se rapproche beaucoup de l'enfance : ma tante veut toujours qu'on soit auprès d'elle ; elle ne peut rien faire sans le secours et les avis des autres. Elle ne saurait pas se borner pour sa nourriture. Elle croit sa maladie et le danger qu'elle court proportionnés à la douleur qu'elle éprouve, et le moment où elle s'est crue le plus mal a été celui où des vésicatoires, prenant assez bien, la piquaient comme de vifs aiguillons. Dernièrement, elle a pris la main du docteur et lui a dit avec attendrissement : « Mon cher ami, sauvez-moi, je vous en conjure! Tirez-moi de là ! » Le médecin, quoique habitué à ces déchirants spectacles, a été ému. Maman a pleuré. Si ma tante succombe, elle mourra moins que ma pauvre mère! Maman, qui s'abîme à lui rendre les soins qu'elle nous a donnés à tous deux, passe de la joie au désespoir, selon les hauts et les bas de ma tante. Quelle douleur si nous perdions cette brave parente! Elle est menacée, si elle vit, de grandes infirmités! Il vaut mieux mourir.

9 avril, dimanche. Temps assez beau.

Je paye ma sortie avec cent vers au lieu de trois cents.

Je lis dans le *Journal de Paris* une correspondance interceptée du duc et de la duchesse d'Angoulême, de MM. de Vitrolles, et de Guiches, et des lettres au roi d'Espagne. — Le duc appelle sa femme : « Ma chère Gioia ». Il lui dit, entre autres nouvelles intéressantes, qu'il a le postérieur endommagé.

M. L... me rassure un peu, en me disant que les *employés* de la maison du Roi ne doivent pas être compris dans l'exil, et que lui-même attendra un ordre exprès pour s'éloigner. C'est une circonstance critique pour deux mille familles. Peut-on se réfugier dans un pays inconnu, ou chez des amis, qu'on risque de compromettre? Bonaparte, aussi, signifie aux notaires, nommés par le Roi, de cesser leurs fonctions; comme si une charge achetée, et qui ne regarde que les individus, dépendait du gouvernement! Les séquestres continuent.

Pourquoi *le Nain jaune*, qui paraît n'avoir dû sa hardiesse qu'à la faiblesse d'un gouvernement dont il relevait tous les ridicules, n'ose-t-il pas aujourd'hui lancer les traits de la satire contre ceux qui mènent une conduite opposée aux principes qu'ils affichent; qui semblent rappeler le terrorisme, et ne donnent la liberté de la presse qu'à condition qu'on n'en jouira pas? Au milieu du plat fatras de flagorneries, que les journalistes, qui sont toujours les mêmes, prodiguent à l'Empereur, on remarque à peine quelques phrases équivoques, et quelques reproches des guerres passées, qui, même, ne servent qu'à leur fournir des contrastes avec la manière dont Napoléon agit depuis son retour. *Le Nain jaune* n'attaque que les puissants de la veille.

L'Empereur passe en revue des troupes, qui montrent le plus vif enthousiasme pour la défense de la patrie.

Nous nous promenons aux Tuileries. On n'y voit presque aucune jolie femme. Les mises les plus recherchées, et quelquefois les plus comiques, des prétentions outrées, des raffinements de coquetterie, des attitudes étudiées, un enjouement et un sérieux proportionnés à la beauté des dents et aux traits du visage, beaucoup de médisances sur le compte des passants et de jalousie ou de mépris pour les voisines; voilà le caractère que j'ai remarqué à ce sexe, aujourd'hui plus paré que beau, qui orne les Tuileries; et c'est pourtant la société choisie de Paris! Et l'on s'étonne que les Français n'aient pas de longues passions pour les femmes! Elles n'ont que de la vanité, et les hommes n'ont que de l'égoïsme. (Voilà ma transition trouvée pour parler politique.) Aussi les Parisiens, et presque tous les Français, sont malheureux dans le choix et dans la conservation de leurs maîtresses et de leurs souverains. Ils n'aiment les femmes que pour leur propre plaisir. Celles-ci le leur rendent bien, et quant à leurs princes, ils ne voient en eux que leur intérêt particulier, et non celui de la France.

Ainsi, par un juste calcul, en connaissant la position de quelqu'un, on sait ses opinions.

Pour le Roi.

Les émigrés et les nobles.

Les prêtres.

Les mères et les enfants qui craignent la conscription.

Filles et dames à qui la guerre moissonne frères, amants, etc.

Les employés du Roi.

Les généraux las de combattre.

Les marchands.

Pour l'Empereur.

Les acquéreurs de biens nationaux.

Soldats et officiers.

Les jeunes gens qui se destinent à l'état militaire.

Les anciens Jacobins.

Les ouvriers.

Les employés de l'Empereur.

Les médecins, à qui la guerre donne des emplois et des blessés à soigner.

Est-il possible que tant d'hommes aussi égoïstes et aussi divisés par tant de circonstances différentes et d'intérêts personnels, forment jamais une nation heureuse et forte de son patriotisme?

Nous rencontrons ce monsieur à qui j'ai toujours vu le même habit vert depuis quatre ans que je le connais. Puis M. P..., qui, l'an dernier, relevait avec force toutes les bévues des Bourbons et se plaignait avec amertume de leurs moindres piqûres. Pourquoi? Parce qu'elles l'égratignaient. Aujourd'hui, il se contente de désapprouver tacitement les mesures tyranniques de l'Empereur, et il le laisse, sans se plaindre, frapper des coups sanglants. Pourquoi? Parce qu'ils ne l'atteignent pas. Voilà les hommes!...

Je relis avec plaisir *René*. Pourquoi faut-il que l'auteur de ces ouvrages si attachants, où il montre tant de sensibilité et de grandeur d'âme, soit un homme vénal et vil, sans mœurs et sans religion?... A qui croira-t-on désormais? Aujourd'hui Chateaubriand, errant et fugitif dans la terre de l'exil, repose sa tête sur les lis flétris[1]. Mais peut-être qu'une nouvelle révolution le ramènera bientôt dans la terre natale, et qu'il viendra se réchauffer encore au soleil de la patrie. Heureuse la France si ce voyage aux terres lointaines, tout en la purgeant d'un mauvais citoyen, lui procure un bel ouvrage et des tableaux d'autres climats, animés par le coloris local!...

Je parcours *le Méfiant*, comédie en cinq actes, de M. Lebo; c'est froid. J'y ai remarqué quelques jolis vers; entre autres ceux-ci :

> Hélas! que de chagrins ma tendresse vous donne!
> Pourquoi vous ai-je aimée?—Ah! je vous le pardonne!

10 avril. — Une chaleur active et vitale se répand dans toute la nature.

10 heures.—Rentrée de M. Fercocq, professeur de philosophie, successeur et prédécesseur de M. Genty. Il est accueilli par ses élèves avec les plus vifs applaudissements.

Oh! l'homme aimable! et spirituel! Quel sourire gracieux! Il fait aimer la philosophie et la revêt des couleurs les plus riantes. Une heureuse et vaste mémoire, une profonde érudition, une physionomie agréable, éloignée du pédantisme scolastique, un esprit rare, mais gai et modeste, tels sont les avantages qui font de

____

1. Chateaubriand s'était retiré à Gand, où Louis XVIII l'avait nommé ministre *in partibus*.

M. Fercocq, non pas un professeur de philosophie, mais un ami éclairé pour ses élèves. Il est
impossible de voir seulement une fois cet homme
divin sans l'aimer.

Il sait adroitement amener dans son sujet des
citations charmantes, dont la variété tempère la
gravité sérieuse de la science qu'il professe.

M. Fercocq a une très bonne manière d'enseigner. Il met de l'ordre, de la clarté et de la
précision dans sa méthode, et, quand même il
ne montrerait pas aussi bien, on profiterait plus
avec lui qu'avec tout autre; et pourquoi? parce
qu'il a le grand art de se faire écouter, même
par les plus paresseux et les plus indifférents.

En une leçon, il nous a fait un tableau de la
philosophie, et donné de bonnes définitions de
cette science.

Les journaux annoncent la prise de Bordeaux
et celle de Toulouse sur les royalistes, le licen-
ciement des régiments suisses, la diminution de
quelques impôts, etc.

Jour du *Nain jaune*. Il donne l'abrégé d'un almanach de l'ordre de l'Éteignoir. Il en donne un
brevet à un ministre qu'il ne nomme pas, et à
quatre conseillers d'État.

Il rend compte d'une distribution de prix à
l'Institut. M. Soumet et Mme Dufrenoy en par-
tagent un, et l'autre est à M. Soumet. Dela-
vigne, ancien élève de notre lycée, obtient

l'accessit[1]. J'ai remarqué de lui une fort jolie idée : c'est un amant qui cherche en vain sa maîtresse, dans une femme défigurée « par ce mal (comme dit Legouvé) qui, prolongeant sa rage, grave au front des humains un éternel outrage, »

> ....Cherche en vain sa maîtresse,
> Et ne la reconnaît qu'à sa seule tendresse.

M. Soumet a fait ces jolis vers sur la mort de Bayard :

> Trois femmes exaltaient son noble caractère :
> L'une lui dut son fils, et l'autre son vieux père ;
> La plus jeune disait, *en cachant sa rougeur* :
> « O Bayard, sois béni ! tu sauvas la pudeur. »

Ce trait si naturel et si délicat : *en cachant sa rougeur*, me rappelle un vers charmant de mademoiselle Desbordes. Une femme attendant son amant au rendez-vous, s'écrie :

> Je n'avais rien promis, et pourtant m'y voilà !

Ces distributions de prix académiques me donnent de l'émulation. L'Institut propose pour 1817 ce sujet : « Avantages que donne l'étude des lettres dans toutes les situations de la vie. » (Avis aux amateurs.)

11 avril, mardi. — Beau temps. — M. Naudet donne les places de la version latine.

1. Le sujet du concours était la découverte de la vaccine.

1 Sauries, 2 Perrins, 3 Labinsky, 4 Montali-vet, 5 Defauconpret, 6 Taunay, etc. Je suis le vingt-huitième de la classe et le seizième des nouveaux. Quelle chute !

Demory gage avec d'Herbelot quatre tablettes de chocolat que le roi sera à Paris le 15 juin. Je suis juge du pari. J'espère avoir mes épices.

Nous passons aujourd'hui sur la terrasse une récréation fort agréable. Une verdure et une fraîcheur délicieuses en font pour de pauvres reclus une charmante promenade.

Hier j'allais demander un livre à Perrin. Je passais par la chambre de M. l'abbé Jauffret, son précepteur. Ce pauvre monsieur, en me voyant, me prit pour un pénitent, et se leva avec un agréable sourire, pour me recevoir poliment, et me faire aimer en même temps la religion et son ministre. Il se rassit, cruellement trompé, lorsque je lui dis que je voulais parler à Perrin.

11 heures et demie. — Je passe une classe agréable avec M. Simon. Cet homme est un vaste puits de science. Il est très fort en physique et en mathématiques, sait le français, l'allemand, le grec, l'hébreu et un peu de persan. Il a inventé des règles et une méthode pour apprendre l'allemand. Son seul défaut est la lenteur ordinaire à son âge. Il nous dit avoir composé un traité sur l'éducation, dont le système est appuyé par les heureuses expériences qu'on en a faites en

Allemagne : « Nous passons les plus beaux jours de notre jeunesse à apprendre un peu de grec et de latin, à enfiler des mots et à arrondir des phrases ; nous apprenons machinalement, sans réflexion, et, tout en exerçant si mal notre esprit, nous ne fortifions pas du tout notre corps par ces exercices qui faisaient chez les Grecs et les Romains une partie de l'éducation. Des institutions, qui ont prospéré en Allemagne, prouvent qu'on peut enseigner le latin en un an à des enfants, en leur parlant cette langue et en mettant entre leurs mains des livres agréables. Nous négligeons aussi les langues vivantes et l'étude de la politique, des finances, etc. On se garde bien de nous initier aux mystères du gouvernement. » M. Simon fera paraître son livre ; mais il sera trop tard pour nous, et d'ailleurs, l'instruction traînera toujours une éternelle enfance, grâce à la paresse, à l'avarice et à la mauvaise politique de nos pions ; et, si le livre obtient autre chose qu'un succès d'estime, notre jeunesse sera déjà perdue.

Si toutes ces idées s'emparent de mon esprit, mon indignation sur notre vie me découragera, et, alors, adieu le redoublement de la rhétorique et le travail utile !

12 avril, mercredi. — Beau temps. — M. Laya me lit ce soir mon précis sur l'état de la Grèce

et les guerres contre Philippe. Il y trouve de bonnes choses ; mais il exigerait plus de concision, plus de nerf et de coloris dans mon style.

13 avril, jeudi. — Beau temps le matin et pluie dans la journée. — Je reçois la visite de mon père. Il m'annonce que la santé de ma tante est toujours dans un triste état. Nous allons en promenade au Champ de Mars, où nous surprend une froide pluie. Je lis le rapport du Conseil d'État sur le manifeste des souverains alliés. C'est presque une déclaration de guerre.

14 avril, vendredi. — Temps froid. — Je passe l'étude du soir à faire mes vers. J'éprouve beaucoup de plaisir à y travailler. La tête échauffée roule des idées agréables et poétiques. Le soir, dans mon lit, je veille jusqu'à dix heures, pour peindre des images riantes.

Seul, environné d'un silence général, et me représentant dans mon imagination les objets que je veux décrire, éclairé par les pâles rayons de la lune, qui dardent sur mon coussin, je jouis d'une certaine volupté littéraire, qui doit égaler au moins les plaisirs des sens.

15 avril, samedi. — Un froid assez vif succède à la chaleur. Je me livre aux mêmes occupations qu'hier. J'ai achevé tout avant de m'endormir.

J'ai écrit hier à Couturier une lettre très forte,

où je lui adresse de vifs reproches sur son insouciance et sur la brièveté insignifiante de ses lettres. Nous verrons comment il prendra cela.

Jour de *Nain jaune*. Il est peu plaisant. Il donne une assez amusante caricature sur le prince de Bienauvent. Il a six têtes ; l'une de ses bouches crie : « Vivent les notables ! » l'autre : « Vive la liberté ! » etc. ; enfin la dernière ne sait encore ce qu'elle criera.

Le rapport de Caulaincourt sur la situation actuelle des États de l'Europe est effrayant. On nous prépare une guerre épouvantable. Les ennemis font les apprêts les plus considérables. D'un autre côté, l'Empereur arme et rend mobiles [1] deux millions de gardes nationaux. Mais partiront-ils? Les ennemis disent n'en vouloir qu'à l'Empereur. Beaucoup de lycéens veulent partir pour lui.

16 avril, dimanche. — Temps froid et sec. — Je sors. Je vais avec M. L... chez M. P.... Là, une demoiselle parlait du matériel de l'armée. « Ah ! mademoiselle, reprit alors un vieux comédien qui se trouvait là, vous êtes pour le matériel, vous aimez le matériel ! Je suis content de le savoir ! » On a feint de ne pas entendre ce vieux farceur. On parlait de l'ennui que doit avoir un

1. On dirait aujourd'hui : *mobilise.*

souverain d'être toujours assiégé par une canaille importune, qui vient pour le voir, comme
une bête curieuse.

« Ah! pour moi, dit une petite pincée, si
j'étais reine, j'aimerais qu'on vînt me regarder. »
J'ai pris la nature sur le fait.

Canonnade pour la prise de Marseille[1].

Nous allons ensuite chez M. le duc de P.... Di-
vine maison! Je joue dans le jardin au chat avec
deux petits enfants de huit ans fort aimables. Il
n'y a plus rien dans ce jour que je veuille remarquer. Toujours quelques petits désagréments
viennent troubler le peu de plaisir que l'on
goûte.

17 avril, lundi. — Temps très froid. M. Genty,
le hérisson, succède encore au divin M. Fercocq.
M. Fercocq, dans sa jeunesse, travaillait dix-huit
heures de suite, par jour. Aujourd'hui, sa tête
s'en ressent. Elle ne peut plus soutenir une longue application. Nous autres lycéens, nous ne
serons pas malades à force de travail.

Crémieux vient au lycée. Il va retourner à
Nimes. Le Lycée Impérial[2] est en insurrection.

1. Marseille, hostile à Bonaparte, avait été le centre
d'une résistance royaliste dans le Midi sous les ordres du
duc d'Angoulême ; mais ce prince avait dû capituler le
9 avril 1815

2. Aujourd'hui lycée Louis le Grand.

Plus de censeur, plus de proviseur. Hier, après la parade, quatre compagnies se sont présentées à l'Empereur au Carrousel, lui ont demandé des fusils et des tambours, et ont obtenu l'honneur de défiler devant Sa Majesté. Ces messieurs ont voulu pendre leur cuisinier, et jeter par la fenêtre leur sous-directeur.

18 avril, mercredi. — J'ai une conversation intéressante avec M. Genty. « Monsieur, sur quoi roulaient les doutes de Fénelon? — Sur quelques points de la religion. Il ne pouvait croire à un enfer éternel, et prétendait qu'on devait pratiquer la vertu par amour pour Dieu, et non par crainte des châtiments. — Et on l'a condamné? — Oui; on a dit de lui et de Bossuet : « Quorum unus peccavit amoris « excessu, alter defectu..., etc. »

J'ai fait cette semaine mes délices de la lecture de Colardeau. Il a au lycée un homonyme qui est bête comme un pot. — Il y a des choses charmantes dans son épître d'*Héloïse*. Celle d'*Armide* est jolie. L'épître à *du Hamel* est un chef-d'œuvre. Colardeau est un des meilleurs versificateurs français. Son imagination poétique, champêtre et tendre, aimait les vers, les fleurs, les ruisseaux et les femmes. Je copie quelques-uns de ses vers [1]....

1. Suit une centaine de vers de Colardeau.

20 avril, jeudi. — J'ai reçu hier une lettre de Couturier. Il prend si bien les reproches, que je prendrai goût à lui en faire.

On dit que l'Empereur viendra visiter aujourd'hui notre lycée.

M. Laya m'a donné hier quelques éloges pour un discours de Démosthène au peuple athénien.

Nous faisons une triste promenade. M. Jeanne me met en retenue pour dimanche, parce que je m'approche trop du bord de la rivière, près de laquelle nous passons !

Jour du *Nain jaune*. — Un comédien voulait, dit-il, se faire volontaire royal. On lui répond : « Faites-vous tuer pour le Roi; l'Empereur vous fera enterrer. »

Il se moque toujours de ce pauvre M. Duvicquet.

Je me sens bien ennuyé de passer toute ma jeunesse au lycée, où l'on nous instruit si mal et si longuement.

On a coupé hier la corde de la cloche. M. de Wailly a dit : « Celui qui a fait cela est un plat gueux s'il ne se déclare pas ! Je punirai le coupable, ou plutôt le coupeur. »

21 avril, vendredi. — Je forme et roule dans ma tête mille projets poétiques qui se détruisent l'un l'autre : tantôt je veux faire des contes, tantôt des épigrammes et même des satires !

mais la paresse et la raison combattent en moi avec de fortes armes cet accès de métromanie. J'ai même commencé l'histoire de l'infortuné Delobel, de puante mémoire, et voici un début que je pourrai adapter à toute espèce de conte :

> Moi qui, du ton d'un amoureux transi,
> Chantai jadis l'idéale Angélique, etc.

J'ai voulu attendrir. Je veux faire rire aujourd'hui. Heureux si j'y réussis autant que quand je ne le désirais pas!

Je remarque que le quartier de rhétorique a toujours été tourmenté de plusieurs manies, qui se succèdent l'une à l'autre. Il y a deux ans, chacun apprenait une langue vivante : Dumon apprenait l'italien, Robin l'espagnol, de Fauconpret l'anglais, Danselme le russe. Personne l'allemand, etc.

L'an passé, le goût des journaux et celui des spectacles ont marché de front quelque temps. Les mêmes amateurs brillaient dans les deux genres, et tel qui faisait rire le public à ses dépens dans notre petit théâtre, l'ennuyait aussi de ses sottises périodiques dans *l'Indicateur*. L'épuisement du génie et les railleries trop fortes des envieux firent tomber le journal; l'absence de deux acteurs qui voilaient la nullité des autres, et les défenses de M. Dumas, firent fermer le théâtre. Depuis quelque temps, presque tous les élèves sont devenus poètes, et, maintenant, pour se distinguer et être un petit personnage parmi nous, il faut ne pas rimer et imiter le prudent silence de F....

X... fait des vers tantôt érotiques, tantôt mélancoliques, quelquefois de circonstance, et toujours amusants. T... écrit des mots rimés qu'il nomme des vers. B..., E..., N..., G... ne m'ont pas montré les leurs ; je n'en puis juger. T... apprenait dernièrement à versifier en étudiant Racine. T... a cru depuis hier être un de nos Apollons, et il a fait ses essais en traduisant ou plutôt parodiant un auteur anglais. C'est Gray qu'il a choisi pour le défigurer. C...., son confident littéraire, nous a, ce soir, révélé ses secrets. Voici les lignes les plus remarquables que j'aie retenues :

> Le troupeau mugissant retourne à son bercail ;
> Le laboureur le suit après tout son travail....
> . . . . L'escargot hideux
> D'un air tout assoupi caresse l'innocence.

« Au moins cette idée-là est de moi ! » a dit l'auteur triomphant ! Les plaisants ont colporté par toute la table ces vers, qui ont fait une grande fortune. Chacun en riait ; mais tous en se proposant bien de payer aussi tribut à la mode, et ne craignant nullement un sort pareil. « Sans me vanter, disait-on en soi-même, je les fais mieux que cela ! »

Un peu après qu'on a eu parlé de ces vers. j'ai entendu D... dire à X... : « Donne-moi un joli sujet. » Voilà donc cette manie une mine féconde de bons mots, que peut exploiter la satire.

Ce qu'il y a de plus amusant, c'est la bonne foi avec laquelle plusieurs voisins des auteurs admirent leurs productions.

Tel Orphée, autrefois, attirait par ses chants les pierres et les bê.....

Je crois que dans un mois la gangrène aura atteint tous les élèves. Nous verrons, nous rirons!...

22 avril. — Les journaux donnent l'adresse que trente-huit élèves de notre lycée ont votée à l'Empereur pour demander à partir.

Extraits de mes lectures. (Rousseau.)

« On doit commencer par faire sentir à un enfant sa misère, sa faiblesse, sa dépendance et le pesant joug de la nécessité que Dieu impose à l'homme, afin qu'il soit sensible à ce qu'on veut bien faire pour lui alléger ce joug ; afin qu'il reçoive avec une certaine humiliation les services qu'on lui rend, comme le témoignage de sa faiblesse, et mette ainsi un certain amour-propre à en exiger le moins possible. Il apprend par là que les domestiques lui sont supérieurs, en ce qu'il ne saurait se passer d'eux, et qu'ils pourraient se passer de lui.

« On doit lui faire sentir qu'on n'aura pour lui de complaisance qu'autant qu'il en aura pour les autres. Par là, voyant qu'il n'a sur les autres que l'autorité de la bienveillance, il se rend docile et complaisant. En cherchant à s'attacher les cœurs de ceux qui l'environnent, le sien s'attache à son tour à eux ; car on aime en se faisant aimer. C'est l'infaillible effet de l'amour-propre ; et, de cette affection réciproque, née de l'égalité, résultent sans effort les bonnes qualités qu'on prêche sans cesse à tous les enfants sans jamais en obtenir aucune. »

(C'est ainsi qu'il faut conduire les enfants des idées simples qu'ils reçoivent de leurs sensations, aux idées composées, et, avant de leur parler le langage de la raison, leur apprendre à raisonner ; car, si on leur parle dès leur enfance une langue qu'ils n'entendent pas, on les accoutume à se payer de mots, à en payer les autres, à contrôler tout ce qu'on leur dit, à se croire aussi sages que leurs maîtres, à devenir disputeurs et mutins, et, tout ce qu'on pense obtenir d'eux par des motifs raisonnables, on ne l'obtient, en effet, que par des motifs de crainte et de vanité, qu'on est toujours forcé d'y joindre.)

23 avril, samedi. — Ce jour est à mes yeux comme s'il n'était pas.

24 avril, dimanche. — Je reste au lycée. Idées tristes. Pas de promenade.

Je reçois de très utiles conseils pour la réforme de mon caractère. Je dois surtout me défaire de ce ton tranchant qui, d'un mot, approuve, blâme, condamne souvent des personnes respectables. Il faut que je me taise ou que j'exprime mes idées avec cette modestie et cette pudeur virginales, l'ornement de la jeunesse. Il ne faut jamais heurter personne, ni contredire, ni montrer des opinions trop prononcées.

25 avril, lundi. — Je lis la constitution proposée par l'Empereur : un article stipule l'hérédité de la pairie. Je ris en pensant que de Fermon sera pair de France.

J'achève la cinquième partie de *la Nouvelle Héloïse*. Elle fait mes délices.

On construit un puisard dans la grande cour.

26 avril, mardi. — M. Naudet ne veut pas donner les places de l'*énigme grecque*, parce qu'il n'y a que douze OEdipes, et que le premier de ces OEdipes a fait seize fautes. La conversation s'engage en classe sur les prix de semestre, que l'on décerne pour les compositions qui ont eu lieu jusqu'au premier avril. M. Naudet ayant perdu les copies de la version faite en mars, a fait

recommencer la composition le 4 avril. Il prétend que cette composition doit compter pour le prix. Robin, qui s'amusait à Rouen pendant qu'elle s'est faite, soutient le contraire. Pastoret, qui est le vingtième pour cette version, appuie Robin avec éloquence. « On aurait dû, s'écrie-t-il, distribuer les prix le premier avril, et, en ce cas, votre composition n'eût pas compté. » Robin pense que personne ne doit souffrir de la négligence du seigneur Naudet. Un autre élève, intéressé au gain de la cause la plus juste, cite et recite la date de la composition. M. Naudet, juste à demi, veut compter la composition à moitié, et d'autres projets aussi impraticables se croisent. On s'y oppose. Enfin il ne se décide pas devant nous, et laisse aux uns le plaisir de la curiosité excitée, aux autres celui de l'espérance.

Voici la première année que je prends si peu d'intérêt aux prix de semestre. Je n'ai pas encore pensé à compter les points.

Je me livre tout entier à l'étude de l'allemand. Je bégaye quelques mots de cette langue avec Harty et Alfred de Wailly. — Demory travaille toujours avec moi dans l'avant-classe.

J'ai fini *Gessner*. Je sais ce que j'en pense ; *Inkel et Pariko* offrent beaucoup d'intérêt :

Un Européen, poursuivi par des sauvages, est sauvé, recueilli, aimé par la jeune Indienne

Pariko. Il lui fait l'éloge de l'Europe, et fait naître en elle le désir de l'habiter avec lui, en portant le titre d'épouse. Ils s'embarquent. Inkel, saisi d'un accès monstrueux d'avarice, la vend, avec le fruit de leurs amours, à un propriétaire de l'île X..., qui, apprenant l'histoire des deux amants, renvoie Pariko dans sa patrie, fait arrêter le cruel amant, et le retient un an dans l'esclavage. Repentir d'Inkel. Pariko vient alors le racheter elle-même, et lui rend la liberté et son cœur.

J'explique les *Esquisses* de Meissner avec Demory, et *Hermann et Dorothée* de M. Goëthe, l'Homère de l'Allemagne, avec Harty. L'allemand absorbe le latin et le grec.

Tout à coup on nous apprend que nous allons avoir tous les matins répétition. Nous serons donc toujours le jouet et la victime de la plus lâche et de la plus cruelle tyrannie! on nous ôte quatre heures par semaine! comme si nous avions trop de temps pour travailler! Je connais quelqu'un qui se promet bien de ne plus faire son devoir que pendant le quart d'heure qui précède cette inutile et ennuyeuse répétition. Cependant nous nous soumettons sans résistance, parce que chacun n'agit que pour son intérêt, et que le gros de la classe s'en va dans deux mois et cinq jours, et que ceux qui dirigent l'esprit de la multitude ont un moyen de se soustraire à cet ennui. Je crois que j'en vais sécher.... D'un autre côté, j'entends crier mes camarades : « Plus que trois mois ! — Plus que deux mois et cinq jours ! » Je leur réponds : « Plus que trois ans ! »

Le Nain Jaune cite une réclamation des élèves de notre lycée qui se plaignent de ce que les journaux, en rendant compte de la démarche du Lycée Impérial du 16 avril, n'ont pas daigné parler des pétitions que les nôtres avaient adressées à Bertrand pour partir, et afin qu'on nous rendît nos fusils et nos tambours.

26 avril, mercredi. — Ce matin M. Portère entre chez nous. Nous l'accueillons avec plaisir ; mais notre empressement à le voir se refroidit bientôt, à la nouvelle qu'il vient faire notre répétition.

M. Naudet, en voyant mon discours latin de Boèce, d'une petite page, s'irrite contre moi, m'appelle *écolier* et me menace de me donner des pensums.

M. Laya me plaisante un peu sur mon discours français à Darius. Au moins il le lit.

On me dit souvent, quand je me plains de la nourriture : « Que sera-ce donc quand tu iras à l'armée de la guerre ? » Afin de prendre patience quand je me servirai de l'épée, je veux conserver le souvenir des aliments que je prends, tandis que je manie la plume.

CARTE DE NOS METS
ASSAISONNÉS DE PÉRIPHRASES
ET D'ÉPITHÈTES

Par MM. Jallon, Dubloc, Ventenat et Bary.

Eau poissonneuse et nourrissante. Pain crotté. Nectar de Suresnes, fort en couleur, et d'un goût moisi, rinçures des verres et bouteilles de Messieurs Cl., W. et consorts.

Lundi. — Soupe verte. Trogne de bœuf élastique. Haricots pétulants, ou gluante omelette.

Souper. — Riz rocailleux ou vermicelle pâteux. Trogne de mouton marbrée.

Mardi. — Soupe grasse proprement, improprement, et malproprement dite. Trogne de bœuf à la tartare ; pommes de terre en végétation et collier de mouton verdoyant.

Soir. — Viande blanche filandière. Salade véreuse ; huile à éclairer ; vinaigre vivant.

Mercredi. — Soupe grasse aqueuse. Trogne de bœuf gorge de pigeon. Lentilles paille et pierres.

Soir. — Trogne de mouton pourri. Laxatifs pruneaux ou poires cuites.

Jeudi. — Soupe soi-disant grasse. Bœuf rubicond. Fromage de pourceau tricolore ou national, ou le sanguinaire boudin, successeur de la piquante saucisse. Pommes à cochons sauvages.

Soir. — Bœuf à la mode (du lycée) avec de la gelée. Fromage de Neufchâtel au mastic. Pommes des bois.

Vendredi. — Soupe verdoyante et marécageuse. Bruyants haricots, imprégnés des doigts de Laurent. OEufs bicolores sur le plat, ou poulets à la coque.

Soir. — Farineuses pommes de terre. Morue antique, ou raie d'un mois. Limandes, merlans, rougets, harengs, chiens maritimes.

Samedi. — Soupe grasse, aveugle, herbeuse. Ratatouille noire de bœuf moutardé, langue lardée de taureau, ou purée verte.

Soir. — Ex-veau jaune, champêtres épinards.

Dimanche. — Soupe grasse coupée, bœuf enragé, pâté rouge, pommes aux navets.

Soir. — Carne blanche et aplatie de veau, fromage de gruyère ou de *mille ans.* Pommes ou autres fruits de la saison.

La lecture de la dernière partie de *Julie* (*la Nouvelle Héloïse*) me laisse dans le cœur une profonde impression. On dit que ce livre est dangereux. Il me semble, quant à moi, que mon âme s'élève en le lisant. Je n'ai vu que fort peu de sophismes dans une morale pure et sublime. La conduite de mylord Édouard, l'amitié constante de Saint-Preux pour son bienfaiteur et pour l'époux de son amante, et sa délicatesse, la générosité de *Wolmar*, la mort grande et chrétienne de *Julie*, semblable à sa vie entière, toutes ces belles actions offrent-elles un mauvais exemple? Ne font-elles pas, au contraire, aimer Dieu et la vertu? Je sais qu'on ne doit jurer de rien; mais je me propose, tant que je n'aurai pas changé d'avis sur ce roman, de le relire une fois chaque année.

27 avril, jeudi. — Les jours où je cause avec Perrin et Robin seront ainsi marqués de cette croix : +.

Lacomble est toujours malade, depuis deux mois. Le pauvre garçon perd son temps, ses forces et sa santé. Il a un débordement d'humeur qui lui forme des glandes. Il est accablé de drogues, d'emplâtres et d'ennui. Il est triste, taciturne et rêveur. Cependant tout contribue à soulager sa tristesse et à le guérir plus promptement. Il voit plusieurs élèves, lit, va en classe quelquefois, etc. M. Clérisseau lui donne une nourriture très succulente; le médecin lui témoigne beaucoup d'intérêt; les infirmiers ont pour lui de grands égards. Il mérite tout cela. Ce qui me fâche en lui, c'est qu'il me montre peu de confiance et d'attachement. Je parais l'ennuyer quand je vais le voir à l'infirmerie. Il ne me parle que de choses indifférentes, ne me répond pas, parle avec d'autres. Cette froideur m'afflige. J'estime plus le cœur que l'esprit.

Je fais depuis deux jours quelques progrès en allemand. L'exercice et l'usage de la conversation vont peut-être me faire avancer. Je rumine toujours dans ma tête quelques mots allemands. Je tourne en allemand mes idées, comme je me souviens qu'à l'âge de sept ans, quand j'apprenais à écrire, mes doigts s'arrondissaient et traçaient des lettres sur la terre et dans l'air. En promenade, je parle allemand avec mes deux condisciples. Je m'efforce de penser en allemand.

Notre promenade au bois de Vincennes me rappelle celles que nous faisions chez le bon M. Fleurirelle. Nous trouvons la plaine de Vincennes garnie d'un parc de cent canons, et de deux cents caissons. Je vois avec horreur et compassion le tombeau du duc d'Enghien.

Je reviens assez fatigué. Cependant j'avais un compagnon dont la société me faisait oublier ma lassitude. C'est Robin. Son esprit, sa modestie, sa naïveté, son naturel, son sourire agréable, l'idée que j'ai de son talent, son caractère bon, insouciant, paisible, enfin un je ne sais quoi indéfinissable : tout me prévient en sa faveur. Je l'aime beaucoup, sans savoir pourquoi. Il parle avec facilité, purement et simplement; tout ce qu'il dit est sans prétention et coule de source.

Aujourd'hui, il prétendait avoir fait le voyage de
Lille, et passé par Arras, Doullens, Aire, Amiens.
Il me parle de la cathédrale d'Amiens, des rues
mal bâties, etc. « Connais-tu la Haute-oie? lui
dis-je. — Oui, cette belle promenade, où il y
a de si beaux arbres, près de laquelle serpente
la Somme. — C'est cela; j'y ai été en bateau;
c'est un paysage charmant. — J'ai vu à Arras une
grande place remarquable par ses arcades. Elle
est fameuse. — Justement. — La ville est belle,
grande; on y loge dans des caves; du moins
les pauvres gens. — C'est exact; mais toi tu ne
connais pas le jardin de la préfecture? — Non;
mais j'ai vu l'hôtel de ville. » Nous causâmes
ensuite de la ville de Doullens, avec deux forte-
resses, du triste Breteuil, du pittoresque Beauval, et surtout d'Hesdin, que traverse la Canche.
— « Oh! disais-je, tu es en pays de connaissance. Je ne suis pas mieux au fait que toi. —
Ah! c'est que j'ai habité près d'Hesdin, dans
une petite maison de campagne, au village de
l'Espinoy. Connais-tu? — Non; mais j'allais tous
les jours à Hesdin. C'est gentil. Je demeurais à
une lieue de là. — Te souviens-tu de ce grand
bois de Saint-Georges, peuplé de loups, qui cou-
vrait le pays, à droite? — Si tu veux, j'irai faire
un tour à l'Espinoy cette année? — Oh! non!
la terre est vendue. — Mais c'est malheureux
que tu n'aies pas vu le jardin de la préfecture,

à Arras. — J'aurai le plaisir de le voir ainsi
que tout ce que je t'ai cité, pour la première
fois, quand j'irai pour la première fois dans ce
pays-là. Ce que j'en ai dit est dans ma géographie, ou sur la carte. — Comment? quel est
ce mystère? Je n'y comprends rien. Tu n'as pas
été à Arras, à Amiens, à Beauval, ce joli village?
— Non; mais je connais des personnes qui y
sont allées. — Et cette belle maison de l'Espinoy?
— Dans ma tête. — Ah! Dieu! Qui s'en serait
douté? Quelle mystification! Pouvais-je la de-
viner? » Je rougis et nous rîmes longtemps.

Ce qui me consola dans ma colle, ce fut de savoir que j'avais d'illustres compagnons, aussi cré-
dules que moi : MM. Tapier, Filon, Fouchard,
Gibon. Notre jeune homme, qui est très fort en
géographie, a vanté à chacun son pays, et en a
imposé à tous. Il fit croire à Buthiam, qui avait
voyagé en Hollande, que lui-même en revenait.
Ils se racontèrent tous deux leur voyage, Robin répétant souvent à l'autre ce qu'il lui avait
entendu dire la veille. Enfin, au bout de quatre
jours de colle, il en était à la description d'une
tempête sur le Zuiderzée, lorsqu'il ne put se
retenir plus longtemps, et partit d'un éclat de
rire. Ce rire le coula à fond, et il ne put gagner
le port.

28 avril, vendredi. — Je reçois ce matin des

reproches de M. Naudet : il me reproche de ne pas écouter, et moi je lui reproche de ne pas se faire écouter.

L'incartade de la Bourgoin[1] est rapportée tout au long dans un article très mordant de Martainville[2]. Je me souviendrai assez de cette anecdote, où l'orgueil et l'impertinence sont portés au plus haut point.

Je suis témoin d'une dispute singulière entre Jallon et Dubloc. Dubloc dit à Ventenat : « Comment se porte ta sœur? » « Quel intérêt, dis-je à Dubloc, prends-tu donc à cette jeune personne? » — Mais Jallon ne se contenta pas de cette petite plaisanterie ; il reprit avec force : « C'est une indiscrétion, une bêtise ou une mauvaise raillerie. C'est même très méchant. Tu fais soupçonner la personne. Qu'est-ce que cela signifie de demander des nouvelles d'une personne dont on ne t'a jamais parlé, que tu ne connais pas? C'est une ineptie! — Prouve-le! — Je le prouve en disant, avec connaissance de cause, que tu es un être stupide ; je l'ai toujours dit. — Prouve-le! — De-

1. Mlle Bourgoin, sociétaire du Théâtre-Français et rivale de Mlle Mars, avait eu les faveurs de l'Empereur. Elle fut plus tard supplantée près de lui par Mlle Mars. Pour employer le vocabulaire du temps, Mlle Mars étant *bleue*, Mlle Bourgoin fit *acte de blancheur*.

2. Martainville s'était réfugié au Pecq pendant les Cent-Jours.

mandons aux voisins. » — Pris à témoin de la stupidité de Dubloc, nous dîmes la vérité ; nous niâmes la chose. Enfin la dispute dura trois quarts d'heure ! Ils se dirent les plus grandes injures, se firent des reproches qui compromettaient d'autres élèves. A la fin, Jallon dit à Dubloc : « Je jure de ne plus te parler de ma vie. Avant que je te parle les canes chanteront *Femme sensible* sur l'air de · *la Codaki*. — Ne me parle plus ! — Je te donne encore deux phrases ! »

Jallon jeta alors par dehors de la cour un couteau qu'il avait reçu de son adversaire. A table, il ne voulut pas prendre de haricots de sa main. Ainsi, ce mot innocent : « Comment se porte ta sœur ? » fait naître une inimitié éternelle entre ces deux jeunes gens, qui, trois ans plus tard, se seraient coupé la gorge, si toutefois Jallon l'eût osé. *Quantum est in rebus inane !*

Distribution des prix de semestre à la classe du soir : Saurier, premier prix des vétérans. — Robin et Dufaud, second prix. — De Fauconpret, premier prix des nouveaux. — Montalivet, deuxième prix des nouveaux. J'ai eu le premier accessit et plusieurs reproches, que m'ont faits MM. de Wailly et Naudet. M. de Wailly dit que je faiblis, et que je ne montre plus autant de zèle qu'au commencement de l'année. M. Laya dit qu'il est assez content de moi.

A la fin de la classe, M. Dumas me dit aussi que je néglige le discours latin. Je m'en excuse sur la logique et sur l'allemand. Il me répond en riant que : « Qui trop embrasse, mal étreint ». Je lui fais des promesses.

29 avril, samedi. — M. Porter fait jusqu'à présent la répétition le mieux possible. Ce n'est pas sa place qui l'honore, c'est lui qui honore sa place.

On écrit sur la muraille de notre quartier : « Vive l'empereur! » La fureur des deux partis se réveille. Les uns conjurent pour effacer cette inscription ; d'autres projettent de la rétablir en cas d'outrage. M..., enivré par la prospérité, ne parle plus avec cette décence et cette mesure qui avaient donné de son caractère une idée favorable du temps du Roi.

Le gouvernement est une boule à moitié blanche, à moitié noire ; quelquefois noire sur les trois quarts de son étendue. Les partisans du gouvernement ne voient que le côté blanc. Ses ennemis ne voient que le côté noir.

Je lis les contes de Marmontel. *Æmilius legit Æmilium*. Mais je ne sais pas si je pourrai lire tout entier un ouvrage si profond, et qui exige une attention si soutenue!

3o avril, dimanche. — Mauvais temps. Je sors.

Nous allons voir M. P..., qui va acheter un fusil pour tirer de sa fenêtre du troisième étage, s'il y a des troubles à Paris[1].

Ma tante est toujours malade. Il y a du mieux. On croit qu'elle vivra encore quelques années, en conservant de cette maladie une infirmité qui vieillira et mourra avec elle.

C'est aujourd'hui que commence ma conversion au travail.

Voici trois mois que je m'occupe beaucoup de romans, de morale, de logique, de vers français et d'allemand, et je ne me livre pas assidûment à mes discours. Je ne lis pas mon Homère, mon *Conciones*, mon Virgile, mon Horace. Je ne fais plus de vers latins ; je broche en un quart d'heure mes versions. Mon père me rappelle la nécessité d'une bonne rhétorique, les avantages de tout genre que procurent les succès, le bien qu'il y aurait pour moi à me livrer tout entier à l'étude du latin et du grec, ce dont je ne pourrai plus retrouver l'occasion, enfin l'intérêt que j'ai à ne pas m'appliquer dans ce moment à la philosophie, qui dans une tête trop jeune ne produirait pas de bons fruits. Il m'engage à abandonner ces chimères, dont je me berce l'es-

1. En écriture cursive allemande.

prit, sur l'avenir et sur un bonheur qui me fuira toujours!... Il me conseille de chercher à réformer mon caractère, à rectifier mon jugement, à épurer mon esprit, et à me nourrir l'imagination des beautés solides des auteurs anciens. J'aurai assez de temps pour penser au français et me jeter dans la littérature française. Il me développe le plan qu'il a formé pour mes études et ma condition, et je vois que je ne puis être heureux qu'en travaillant avec ardeur ces deux années-ci.

Afin de me confirmer dans mes bonnes résolutions, j'ai fait en moi-même tous les raisonnements capables de m'y soutenir. Je veux aussi m'astreindre à des règles fixes et certaines, qui ne me paraîtront pas dures à observer parce que je les aurai moi-même établies. De son côté, mon père me fortifie par beaucoup de promesses : il fera tout ce qu'il pourra, dit-il, pour me donner du plaisir, si je lui procure toute la satisfaction qu'il dépendra de moi de lui procurer par mon travail. Ce bon père met en moi toute sa sollicitude et toutes ses espérances.

Le peu que j'aurai de bon, je le devrai à ses soins. Ce que j'aurai de mauvais, ce sera à moi que je devrai l'imputer, car il aura tout fait pour déraciner les mauvaises herbes qui croissent dans mon cœur. Et que ne dois-je pas faire pour répondre à son attente et le récompenser de ses bienfaits paternels, en lui montrant que j'en suis digne? Ne dois-je pas me dire, avant de faire une action : « Plaira-t-elle à mon père? » L'idée de le rendre heureux et content ne doit-elle pas aplanir devant moi tous les obstacles que je puis trouver en marchant vers les talents et la vertu? O mon père, vous n'aurez pas en vain cultivé mon esprit et mon cœur! Mais que je suis peu avancé! Que de choses j'ai à faire! Que je suis éloigné du degré de perfection où son amour pour moi veut m'élever! Pourtant je ne veux pas me décourager : Dieu, ma conscience et mon père! Voilà les trois objets et les trois appuis de mes efforts. *Nil desperandum tali duce et auspice tali.*

Je commence par supprimer la lecture ordinaire des journaux et les idées et les conversations trop fréquentes sur la politique; je retranche les livres futiles; je discontinue ce cahier de souvenirs.

Voici une constitution que je me propose de suivre plus exactement que les rois ne suivent les leurs.

CONSTITUTION.

Principaux articles auxquels je promets obéissance. Ces articles sont désignés par l'astérisque*.

Ma foi, j'ai encore la paresse de ne pas transcrire ici mon plan ; mais cela m'épargne du temps, et c'est quelque chose de gagné dans ma nouvelle méthode.

Le résumé de cette charte est que je m'oblige à bien travailler mes devoirs, et à avoir lu tout entiers à la fin de l'année : Horace, Virgile, Rollin (2 vol.), le *Conciones*, les *Leçons de littérature latine* en prose et en vers, qui succéderont à Horace et à Rollin, que je lis tous les matins dans mon lit.

1er mai. — Je compose encore aujourd'hui, le premier mai, jour où j'ai écrit cette conclusion, avec ma paresse. J'achève un livre que j'avais commencé : les *Contes moraux* de Marmontel. Comme la faiblesse humaine perce partout! La paresse, tout en cédant au travail, s'attache encore à un reste d'appui qu'elle va bientôt perdre et elle ne veut fuir qu'à condition de différer sa fuite encore un moment.

Ce cahier de souvenirs me demandait du temps. C'est un petit plaisir dont je vais me priver. Mais que pourrais-je à l'avenir insérer ici, si ce n'est des remarques sur les auteurs que je vais étudier? — Ce serait trop aride, trop uniforme et trop dispendieux pour le temps. J'écrirai d'autres souvenirs, plus tard; ceux de mes vacances, par exemple. En les rapportant de Saint-Pol, j'aurai de quoi me nourrir pendant deux mois.

Je me représente ce cahier, comme un roman qui en est au dénouement. Malheureusement, il y a quelques petites différences : Un héros de roman est parfait : le suis-je? Son histoire est intéressante : la mienne l'est-elle? — Et après ses grandes aventures, il vit bien heureux. Et moi, après mes petites bêtises, le serai-je? — Je vais tâcher de l'être en faisant bien.

FIN DU DEUXIÈME CAHIER.

J'avais résolu de discontinuer ces souvenirs.
Mais l'importance des sujets qui s'offrent à ma
plume m'engage à décharger ici ma mémoire.
Je vais raconter un événement qui, très fréquent
chez nos voisins, est nouveau pour le lycée
Napoléon.

Reprenons les faits dès leur origine. —
5 mai 1815, vendredi. — Le belliqueux tambour
succède depuis avant-hier à la cloche funèbre,
et les élèves, avides de nouveautés, s'empressent
de se former en bataillons et de marcher au pas.
D'ailleurs, l'esprit guerrier qui règne parmi nous
aime ce son, qui nous accoutume au bruit des
batailles. Enfin c'est une fureur que de marcher
au pas. Il ne nous manque plus pour être soldats
que des fusils et des drapeaux. On espère que
le gouvernement rendra les fusils. Quant au
drapeau, les élèves le font eux-mêmes : un aigle
de bois, et une serviette barbouillée aux trois
couleurs, attachés à une grande perche, sont
portés en triomphe à la descente de la terrasse.
Quelques bonapartistes crient même : Vive l'Em-

pereur! M. Dumas met tout le lycée à l'étude pour la récréation prochaine. Aussitôt l'indignation s'empare de tous les élèves. Les uns prétendent qu'on devait fermer les yeux sur un badinage d'enfants, fait pendant la récréation, et n'en pas faire une affaire d'importance. D'autres s'écrient que la punition ne doit pas être générale pour un petit délit auquel dix élèves avaient eu part. « Moi, dit l'impétueux, je n'étais pas là, et je me ferai plutôt chasser du lycée que de me laisser punir! » Tous s'accordent à penser que M. Dumas ne doit pas punir des opinions contraires aux siennes, et que la prudence lui ordonne de ne pas faire d'éclat dans ce moment. On veut que nous n'ayons pas d'opinion politique, et cependant, étrange contradiction! on veut nous en imposer une. Quand un orateur vomit les plus virulentes injures contre un parti et fait l'éloge de l'autre, ne cherche-t-il pas à inspirer les mêmes pensées que les siennes à son auditoire?

Bref, on écrit une lettre honnête de réclamation à M. Dumas. Montalivet la porte. Il reçoit un refus assez dur.

A l'heure de la récréation, nous nous élançons dans la cour; nous forçons la porte de Thuileau, et nous nous portons en assez grand nombre sur la terrasse. Thuileau a cafardé, et dit à M. Jeames : « C'est Blanchard qui est sorti le premier. » « Et moi le troisième! » s'écrie Hoffmann jeune. Au bout d'un quart d'heure, M. de Wailly, armé d'une longue canne, arrive près de nous, tombe sur ceux qui étaient séparés de la troupe, les frappe et les accable d'injures grossières. On le hue. Bientôt, il s'avance en courant vers les autres, qui s'étaient rassemblés en groupe, et croit les dissiper comme de vils troupeaux. Mais nous nous replions lentement sur une autre allée, et descendons dans la petite cour. Là, on se rassemble encore, et l'on délibère, quand M. de Wailly, alternativement pâle et rouge de colère, écumant de rage, semblable à une bête féroce qui fond sur une foule de chasseurs, tombe sur nous à coups de bâton, comme sur des chiens, et bégaye des paroles entrecoupées :

« Polissons! où allez-vous? Sauvez-vous! Rentrez dans vos quartiers! »

« Non, Messieurs! n'y rentrons pas, et désarmons ce b...-là! », s'écrie M. Beaupré, en voyant M. de Wailly venir de son côté. Il est chassé du lycée, victime, diront les uns, de son courage héroïque; de sa mauvaise tête, diront les autres.

Je me cache d'abord dans les commodités; mais, trouvant ensuite cette retraite trop ignoble, je sors à la vue de M. de Wailly. Il me voit, et me dit d'aller au quartier. Sans l'écouter, je me sauve vers les miens. Il me poursuit. Je cours de toutes mes forces. On m'a dit ensuite qu'il n'y avait qu'un pouce de distance entre sa canne et mon dos. Enfin nous nous rendons à l'étude. M. Dumas nous y suit à pas lents. Il formait avec le proviseur un étonnant contraste. Blême et tremblant, il semblait craindre lui-même la canne ; il a dit à Robin : « Robin, je vous en supplie ! Rentrez ! »

Bientôt M. de Wailly, après avoir poursuivi les traînards, mugit en ces termes :

« Messieurs, vous avez violé toutes les lois de la discipline ! Si vous continuez à mener une conduite aussi indigne, je prendrai les mesures les plus sévères. Je donnerai ma démission, plutôt que de souffrir une si indécente insubordination. » — M. Jeames ajoute que notre quartier s'est distingué en allant le premier sur la terrasse. Après le départ du proviseur, il nous dit, comme nous l'avions bien prévu : « Eh bien, messieurs, voilà le résultat de toutes vos infractions à la discipline ! si vous vous étiez soumis, vous auriez eu trois quarts d'heure d'étude, au lieu d'être en retenue longtemps, et de copier tous les jours cent vers. »

Cependant la plus grande fermentation agite toutes les têtes. Je ne sais pas ce qu'on fera demain.

Au souper, M. Jeames est hué par nous tous

et par les mathématiciens. Les sifflets et les cris assaillent MM. Jeames et Dumas. M. Bourdon se tait. En montant au dortoir, l'infortuné Jeames est accablé d'une multitude de morceaux de pain, dirigés contre son grand nez. Les mathématiciens font une décharge de traversins sur son vieux carrick, et le menacent d'une bascule pour la nuit.

Les dortoirs retentissent de : « Vive la liberté ! A bas les cuistres et les tyrans ! A demain !... »

6 mai 1815, samedi. — Jour mémorable dans les fastes scolaires !

J'apprends à sept heures qu'on a formé le projet de se renfermer dans le quartier de mathématiques, et d'y rester jusqu'à ce qu'on nous accorde une amnistie générale.

L'orage va éclater.

L'heure sonnait, et tous les élèves se rendaient en foule dans le premier quartier, lorsque je prenais mes précautions aux commodités. Je demandai ensuite à entrer; on m'ouvrit, ainsi qu'à une dizaine de braves. Aussitôt on se barricade de tous côtés. L'enthousiasme d'indépendance qui anime les insurgés leur donne une force nouvelle. On dérange et l'on met en pièces toutes ces tables immenses, où l'on se courbait naguère pour piocher. On se barricade. A force de bras, on traîne trois tables, qu'on applique à grand bruit contre la porte. Les fenêtres sont condamnées et bouchées par de vastes pièces de bois. On brise tous les carreaux, afin d'avoir de l'air. Toutes les baraques[1] sont abîmées. Le poêle, abattu, fournit des armes aux assiégés, qui y trouvent force pierres. Les livres sont foulés aux pieds, et le génie de la destruction lève sa tête triomphante sur ces doctes débris et ces trophées poudreux.

> Exultat Bellona furens, doctasque ruinas
> Contemplatur ovans et pulverulenta tropæa.

Tous les insurgés s'arment d'une longue perche, ou d'un bâton, et s'apprêtent à soutenir un siège.

Tous les anciens amis se revoyaient avec plaisir dans cette enceinte, se serraient la main et se réjouissaient à la vue des meilleurs élèves, dont la présence et le nombre les rassuraient. On se disait : « Nous partagerons et l'amusement et le danger! »

Bientôt tous poussent des cris de joie en apercevant Dufaud entrer dans la place par le soupirail de la cave, qui donne en même temps sur la cour et sur le quartier.

A huit heures et demie, on apprend l'arrivée

1. Petites armoires mobiles en bois dans lesquelles les internes mettaient leurs livres et leurs petites provisions.

du proviseur. « Aux armes! Aux armes! » Et en même temps les six postes des fenêtres sont remplis. M. de Wailly, après de vains efforts pour enfoncer la porte, monte sur une table et des chaises, passe la tête à un carreau, et dit : « Messieurs, il faut avoir bien peu le sentiment des convenances pour.... »

Des huées, des pierres et des morceaux de bois, lancés par quelques gamins, interrompent son discours. Le sang coule de sa main, blessée par le verre. Il cherche à se faire entendre dans le tumulte, et dit aux défenseurs de la fenêtre : « C'est une lâcheté de vous cacher la tête avec des mouchoirs. » Chacun se découvre et s'avance plus près de lui. « Pourquoi vous barricader ? Otez-moi ces tables! — Non! Ce n'est pas à vous qu'on en veut, c'est à M. Dumas. Vive M. de Wailly! A bas M. Dumas! » (Je ne crie ni l'un ni l'autre.) « Eh bien, que voulez-vous à M. Dumas? Est-ce sa tête? — Non. — Sa destitution? — Oui! — Oui, parce qu'il est royaliste! » s'écrie un infâme mathématicien, que je ne veux pas nommer. — « Me reconnaissez-vous pour votre proviseur? dit M. de Wailly. Pour votre maître? — Oui! — Eh bien, obéissez-moi! laissez-moi entrer! — Non! Pardonnez-nous à tous. — Je ne veux pas traiter avec des rebelles. — Amnistie générale! » — Enfin le bruit, qui éclatait de toute part, empêchant ab-

solument d'entendre et de parler, des confé-
rences s'ouvrent entre M. de Wailly et Huard
et Dufaud. M. de Wailly propose d'abord de
ne chasser que quatre élèves, ensuite douze;
annonce que la punition sera proportionnée au
temps que nous resterons enfermés, et menace
de forcer notre porte, ayant pour seconds une
vingtaine de fusiliers. Rien n'effraye les assiégés,
et leurs clameurs séditieuses mettent fin à tous
les pourparlers. M. de Wailly s'en retourne
triste et abattu, pour aller chez M. de Montalivet et chez le ministre de l'intérieur.

Pendant ce temps, un garçon détache le treil-
lage d'une de nos fenêtres. On le repousse à
coups de piques.

M. Dinet, en robe, paraît à la fenêtre. On ne
l'écoute pas. M. Naudet se promène autour de
la place. — « Venez-vous en ami, ou en ennemi?
lui dit Bastard. — Ah! messieurs, vous devez bien
penser que je viens en ami. — Eh bien, entrez
par le soupirail; tous nos amis entrent par là. —
Oh! le passage est trop étroit! »

Il retourna à sa classe, où il n'eut que neuf
élèves, dont cinq ne faisaient pas de grec, et tout
le samedi matin est consacré au grec.

Cependant les libéraux, persuadés que le siège
traînerait en longueur, cherchent à se procurer
le plus de commodités possible. — La nécessité
éveille l'industrie. Déjà on ne boit plus à la fon-

taine. On y p...; mais la nature a des besoins plus forts et plus difficiles à satisfaire aussi. — On descend dans la cave, soutenu par des cordes que les camarades lâchent peu à peu. On y dépose son fardeau, et l'on en remonte plus léger.

Les externes veulent se joindre à nous. M. de Wailly les repousse, et, de là, se rend chez les autorités.

10 heures et demie. — Le plénipotentiaire Huard monte à la tribune, c'est-à-dire sur une grande table, et annonce que M. Jeames proteste. On rit aux éclats. « Attendez donc! Écoutez ses protestations : il proteste que, depuis un mois, il n'a pas fait un seul rapport à M. Dumas! » On se moque de la platitude de M. Jeames.

J'ai oublié de parler ici de la blessure du brave Chevalon : en voulant se jeter dans la place, il se laissa tomber maladroitement dans la cave, à douze pieds de profondeur, et se foula le pied. On retire le pauvre blessé et on lui prodigue tous les soins les plus attentifs.

Cependant les provisions nous manquent. Pas d'eau, pas de pain. Un nuage de poussière obscurcit notre forteresse : nous crachons et nous mouchons de la poussière. Mais Thuileau nous vend son secours. On lui passe de l'argent, et il nous passe des pommes rafraîchissantes. Les élèves oublient la résolution qu'ils ont prise hier de ne plus rien acheter à cet espion. Bientôt nous recevons de toute part de l'eau, du pain et des gâteaux. Les petits se sont cotisés pour nous fournir des provisions. Ils ont tous donné leur peu d'argent dans une quête générale. Ils ne se donnent pas de repos jusqu'à ce qu'ils aient apporté de quoi remplir une grande fontaine. A dîner ils n'ont presque rien mangé, et nous ont gardé leur pain. Pour nous couper les vivres, on les a fait monter sur la terrasse, par la grille de Foliquet. Mais leurs présents n'ont été que différés, et leur ingénieuse complaisance est parvenue à nous secourir un peu plus tard, lors de leur retour à l'étude. Enfin on s'est imposé les plus dures privations, et l'on peut dire que jamais, dans les républiques de la Grèce, le patriotisme n'a éclaté avec autant de force. M. Valerais lui-même voulait nous apporter sa bouteille de vin ; mais il n'a pu tromper la cruelle vigilance de M. Bourdon.

1 heure. — Plusieurs parents ordonnent à leurs enfants de sortir du quartier. On ne leur obéit que quand ils l'ordonnent par leur autorité paternelle. Les deux frères L... se retirent ; malheureusement, non pas pour cette cause. On force plusieurs petits à s'en aller, parce qu'on ne les suppose pas capables de supporter les fatigues de la nuit.

Montalivet nous quitte, parce qu'il déplore le malheur de M. de Wailly, peu riche et père de famille, qui sera exposé à perdre sa place. Montalivet, sans penser à ses camarades dont sa présence peut faire la sûreté, et qu'il peut aider de ses conseils, n'écoute que le sentiment de la reconnaissance. Beaucoup d'autres élèves, entre autres Bréville, tout en s'affligeant pour M. de Wailly, croient devoir suivre la destinée commune. Sur cent vingt-cinq hommes, la garnison n'en a plus que cent neuf; savoir : tous les mathématiciens, hors un qui est malade; tous les rhétoriciens, hors quatre; tous les secondes, hors dix; les troisièmes, hors huit; et deux quatrièmes.

A deux heures, on fait une distribution générale des vivres, serrés dans trois baraques. On procède avec un ordre étonnant; mais, pour tout mets, nous n'avons qu'un petit morceau de pain et la moitié d'une pomme, et quelques gouttes d'eau. Le tout ayant passé par beaucoup de mains, et d'une propreté équivoque.

Nous restons en repos toute la journée.

Cette uniformité de situation, et le malaise que la poussière et un air concentré nous font sentir, nous ennuient un peu. On se repose d'un air rêveur et abattu; mais à la moindre alarme on se réveille; on s'arme, on crie, et l'on ne fait rien!.. Mais l'ardeur se ranime.

Enfin, M. Dinet paraît à la fenêtre et veut entrer en franchissant une grosse pièce de bois qui lui ferme le passage. Mais, avec des perches, on la pousse sur lui et on lui lance des morceaux de bois. Il faut avouer que tous les bons élèves désapprouvaient ces polissonneries, et qu'ils ont trouvé très mauvais qu'on appelât « vieille » et qu'on rimât en *tin* Madame Ventenat, qui se promenait sous nos remparts et traitait les assiégés de vauriens et de brigands.

J'aurais peut-être dû passer sous silence cette anecdote scandaleuse ; mais je ne veux pas être plus discret que Ventenat, qui nous l'a lui-même racontée.

Le soir, M. Walkenaer traite avec nous pour M. de Wailly, et demande à entrer chez nous, comme parlementaire. Mais on ne veut pas le recevoir, parce que cela n'aurait pas été juste après avoir laissé M. Dinet débiter à la fenêtre tous ses beaux discours sur la morale, sur la vertu, sur la différence de l'éducation d'autrefois et de celle d'aujourd'hui, et sur la supériorité des hommes actuels de quarante ans sur les jeunes gens. M. Dinet n'avait pas donné de conclusion précise. On l'a rejeté. M. Walkenaer nous donnait des conditions fort honorables, et jurait, sur sa parole d'honneur, qu'il croyait que, si nous consentions à nous rendre, M. de Wailly ne renverrait personne de nous, et assurait que M. de Wailly ne voulait pas traiter avec nous, parce qu'il eût compromis son autorité et dérogé aux bienséances ; mais que M. de Wailly promettrait de nous laisser reprendre notre situa-

tion actuelle, si nous n'étions pas contents de
la punition générale qui nous serait infligée. On
voulait absolument une punition générale. Mais
auparavant, il fallait des garanties, et la parole
de M. Walkenaer, qu'on était censé ne pas connaître, ne paraissait pas un gage assez certain
à beaucoup d'élèves. D'ailleurs, la plupart dési-
raient passer la nuit au quartier et craignaient
surtout qu'on attribuât à la crainte de la fatigue le désir qu'ils auraient pu témoigner de se
rendre. On alla aux voix. On cria horriblement.
Ceux qui votaient pour qu'on restât devaient
passer d'un côté, les autres de l'autre. La moitié
de la garnison ne vota pas, parce qu'elle dor-
mait et était étendue sur des baraques et des
pupitres. Parmi ceux qui voulurent bien préférer à leur propre repos le soin du bien public,
les votants pour qu'on restât l'emportèrent par
le nombre (peut-être ne l'emportèrent-ils pas
pour le bon esprit). Enfin leur avis prévaut, et
l'on s'apprête à passer la nuit dans la forteresse.

Je dois remarquer, à la louange de Dufaud,
qu'il s'est fort bien conduit, nous a toujours
donné les meilleurs conseils, en nous donnant
l'exemple du courage et surtout de l'honnêteté
que l'on doit avoir avec de sages ennemis. Il
soumet toujours ses lumières à celles de ses camarades, écoute leurs avis, et les préfère toujours aux siens. Enfin il s'est donné beaucoup de

mouvement pour les divers travaux du siège,
bien différent de ceux qui, prodigues de leur
voix, avares de leur industrie, ne servaient l'État
que par leurs clameurs et par leurs grossières et
plates injures. Enfin, pour faire en peu de mots
l'éloge de Dufaud, il a réuni les suffrages de ses
camarades avec ceux de ses maîtres, et, le lendemain, M. Walkenaer est venu tout exprès pour
le voir au lycée.

A dix heures du soir, après un repas moins léger que le dîner, nous faisons une sortie et nous
nous élançons dans la cour. Ah! je respire enfin
l'air des cieux! Je me promène quelque temps
sous les arbres de la cour. J'aperçois un batail-
lon d'élèves accroupis, rangés à la file contre le
pied du mur, ayant leur lance près d'eux, et qui
se dédommagent le soir de la contrainte de toute
la journée....

En m'approchant du quartier, avec mon compagnon F¹..., j'entends le bruit des matelas qui
tombent du haut du dortoir. « Il paraît, me dis-je,
que les élèves nous envoient des lits mobiles. »
Aussitôt nous allons ramasser avec soin les traversins, les couvertures, les matelas, dont le nombre suffit pour nous tous mais peu eurent des
couvertures, et le froid assez vif du matin vengea
nos maîtres en donnant de gros rhumes à beau-

_____
1. Fain.

coup d'insurgés. Quant à moi, il m'a épargné. Peu à peu, on fait silence, et l'on se couche tout habillé, bien entendu. Ne pouvant dormir, j'ai voulu du moins observer; car je crois que, quand on se trouve engagé dans ces grands événements, si l'on veut acquérir l'expérience, il faut être spectateur et acteur tout à la fois.

Je me lève et je regarde, avec une curiosité mêlée d'étonnement, tous ces corps étendus, les uns sur des baraques, les autres sur des matelas; ceux-ci perchés près des fenêtres; ceux-là bivouaquant dans la cour, tandis que quelques-uns, armés de bâtons, montent la garde au milieu de nous. Ils marchent avec une plaisante gravité à travers cette salle, couverte de débris, et fermée de toute part, qui ressemble à une caserne, ou plutôt à une caverne de voleurs. Des patrouilles font aussi la ronde dans la petite cour, dont nous sommes les maîtres, et veillent sur M. Clérisseau, qui rôde aux environs. Son Altesse économique passe toute la nuit près de sa cave et craint pour son vin, pour sa crédence et ses cochons, qui habitent près de la terrasse.

Mais nous avons été fort sages : n'est-il pas bien remarquable que cent neuf jeunes gens en révolte, et sur le point d'être pressés par la famine, aient ainsi respecté ces cochons, et le vin, dont la cave n'était séparée de la nôtre que par une petite porte? Nous n'avons commis aucun dégât au dehors. Aussi, pour nous récompenser de notre modération, M. Clérisseau nous a envoyé vingt-six pains et deux grands plats de viande et du fromage ; conduite semblable à celle de Henri IV, dont ce lycée portait naguère le nom.

7 mai 1815, dimanche. 1 heure du matin. — Nous transportons des fontaines dans le quartier.

On se lève à trois heures, parce que le froid repousse le sommeil.

Nous voulons nous emparer de la tour de Clovis[1]. Mais ce projet n'est pas mis à exécution.

A quatre heures, nous déjeunons. Nous avons chacun un morceau du pain coupé en quatre, avec une part de viande et une part de fromage. Jamais repas ne fut dévoré avec plus d'appétit.

A six heures un quart, on nous parle de paix. M. Clérisseau demande à entrer et est admis, aux grands applaudissements du peuple. Il nous annonce les mêmes conditions que M. Walkenaer, mais avec beaucoup moins de garanties : on est prêt à se rendre, et l'on va délibérer, lorsque M. Colardeau entre, monte à la tribune, et prononce ce discours :

« Mes amis, c'est un père qui vous parle ; un homme qui a toujours aimé la jeunesse, et

1. On appelle ainsi la vieille tour enclavée dans les bâtiments du lycée Henri IV, et qui, en réalité, date du XIIIe siècle.

cherche à lui rendre service. Je viens vous engager à céder à vos maîtres, qui ne veulent chasser personne de vous, mais qui exigent une
prompte soumission. Songez bien qu'en un jour,
et par un coup de tête semblable, vous pouvez
perdre le fruit de toute votre éducation, et
sortir déshonorés d'une maison où vous avez
employé toute votre jeunesse au travail. Cet
Empereur que vous chantez tant, et que je chante
moi-même tous les jours, voudrait-il en vous
des officiers insubordonnés? Hâtez-vous d'écouter la voix de la raison, et de rentrer dans le
devoir. Vous ne vous en repentirez pas; car,
autant que j'ai pu m'en assurer par les entretiens que j'ai eus avec M. de Wailly, la punition sera légère et générale. Pour vous prouver que je vous parle en ami, j'ordonne à mon
fils de suivre votre exemple : si vous obéissez à
vos maîtres, il leur obéira; si vous persistez à
vous laisser entraîner par la colère, je ne veux
pas qu'il se distingue de vous! »

A ces mots, cet homme respectable tend les
bras à son fils....

Je n'ai pu rapporter ici que le sens de son
discours; mais il m'a tellement ému, que je me
sentais les larmes aux yeux! — Tous les élèves
sont touchés de ces sages exhortations. Un seul,
dont je tairai le nom, crie qu'il faut se barricader de nouveau et envoyer f... f... ce brave

homme, parce qu'il a parlé la tête couverte, et n'a pas eu assez de respect pour nous. Mais enfin on écoute la voix de la raison et celle de Dufaud. On sort de la place, et l'on pille les provisions. De là beaucoup d'insurgés reçoivent la visite et les reproches de leurs parents. Il faut se soumettre; bien plus, il faut endurer tous les bruits fâcheux qui courent sur nous : On dit, « et sans horreur je ne puis le redire », que nous avons demandé la tête de M. Dumas, suites du mot si bien placé de M. de Wailly. La canaille dit même que nous avons roulé sur nos tables la tête ensanglantée de M. Dumas! Au diable la vieille tête! au diable!

Je dois ici parler de la souplesse d'esprit par laquelle un monsieur a cherché à se concilier tous les partis. Il s'est plaint à M. de Wailly de la conduite de M. Clérisseau, sachant bien qu'il entrait dans l'idée de celui à qui il adressait sa plainte; il a dit aux petits comme le *Bourdon* du coche : « Eh bien, ces fameux rodomonts, si fiers, si méchants, nous les avons réduits! Ils sont rentrés dans l'ordre! Ils n'osent plus nous désobéir. » — Il est venu nous parler tout bas, d'un air flatteur, après la capitulation : « Messieurs je crois que vous n'aurez qu'une basse messe. » Enfin il s'est emporté devant mon père contre les moteurs de la sédition, et contre notre indigne conduite, toutefois me séparant des mauvais sujets, car j'étais présent. Ce chien de cour a encore plus de gueules et de langues que son prédécesseur Cerbère, gardien du Tartare, séjour comparable au lycée. *Odi bilingues.*

Le sommeil nous poursuit et nous atteint partout où nous posons une tête appesantie; surtout aux vêpres! comme si c'était particulièrement dans le lieu saint que nous avions besoin d'assoupir notre conscience, qui nous reproche nos attentats. Et, ma foi, ils ne sont pas si grands! Est-ce un crime horrible d'avoir secoué un joug atroce? Vive la liberté!... Il ne doit pas y avoir de tyrans dans la République des lettres.

Pendant un jour, nous attendons en silence M. de Wailly, et notre punition. — M. de Wailly seul arrive. Mais non : c'est pour demain!"

Bonsoir, lecteur! Dormez, si vous le pouvez, aussi grassement que moi et mes camarades.

8 mai 1815, lundi. — O nuit délicieuse! que Bellone ne dispute pas à Morphée. Oh! quel long sommeil de plaisir! Que j'aurais été heureux, si j'avais senti mon bonheur!

J'ai fait pressentir hier au lecteur que nous ne serions pas punis. Je vais lui confirmer cette nouvelle... agréable... pour nous... je n'ose dire pour lui. Si c'est un vieux pédant, et même un homme raisonnable, il dira : « Tant pis. »

Si c'est un bon luron, un brave jeune homme, sévère pour lui-même et indulgent pour les autres, il s'en réjouira avec nous, et espérera qu'une autre fois nous serons plus sages.

Or donc, M. de Wailly arrive, avec une gravité triste et imposante, dans nos quartiers, se tourne du côté des maîtres, et leur dit qu'il veut bien ne pas suivre les premiers mouvements de sa colère; que nous devons bien reconnaître l'indignité de notre révolte; qu'il ne nous infligera aucune punition, parce qu'il n'y en aurait aucune assez grande; qu'il nous livre à nos regrets et même à nos remords!... Enfin, il prie les maîtres d'étude de redoubler de sévérité envers nous, et annonce qu'il remettra entre les mains de leurs parents les élèves coupables de la moindre faute envers la discipline, qu'il saurait maintenir exactement, pendant le peu de temps qu'il devait rester au lycée.

Son attitude noble, son air de tristesse, et ces derniers mots, nous frappent et nous donnent de vifs regrets, qui seront peut-être des remords : s'il perd sa place, c'est nous qui, pour punir un premier emportement de colère, aurons forcé à nous quitter, un homme de mérite, dont nous avons toujours eu à nous louer. Aussi, apprenant qu'il court des bruits fâcheux sur M. de Wailly, et qu'on l'a desservi par de faux rapports auprès de l'Empereur, nous lui

faisons demander s'il consent à ce qu'on donne
au ministre une relation fidèle des événements.
Il paraît peu sensible à notre attention, et re-
fuse, parce qu'il ne croit pas convenable que
des élèves veuillent bien justifier leur maître.

D'autres ont dit qu'en nous refusant il voulait se laisser la liberté de parler de tout ce qui
s'était passé, à son avantage, et ils prétendent
même qu'il a usé de ce vil moyen. Infâme calomnie! Mais ce qui nous a refroidis pour M. le
proviseur, c'est qu'il n'a pas pardonné bien sincèrement, et qu'il a chicané quelque temps les
élèves pour des vétilles, leur a refusé les plus
petits plaisirs, et même a parlé de supprimer
leur sortie à la Pentecôte! Enfin on a cru qu'il
voulait éliminer peu à peu tous les insurgés. Il
a chassé plusieurs malheureux pour être rentrés
une demi-heure trop tard à l'étude.

— Quelques jours suivants. — On croit que
Dufaud va partir à la suite d'une malhonnêteté
qu'il a essuyée du proviseur. Robin est outré,
et veut sortir du lycée. M. de Wailly veut donc
entraîner le lycée dans sa chute, en renvoyant,
quand il est près de partir, les meilleurs élèves?
On plaint les élèves qui doivent rester encore au
lycée un ou deux ans. Ils ne seront pas bien
traités. On est en général fort mécontent, et,
sans penser à une seconde révolte, on songe à
sortir du lycée. Voilà un assez bon prétexte

pour enjôler les parents. Ce lycée est perdu. Plus de discipline, plus de travail, les meilleurs élèves s'en vont : Dufaud, l'ornement et le soutien de la rhétorique, part après-demain. D'ailleurs M. de Wailly peut me renvoyer honteusement du lycée : il ne m'aime pas. Prévenons-le.

L'architrésorier Lebrun[1], nommé Grand-Maître de l'Université, vient au lycée, dans toutes les classes; prend fortement le parti de M. de Wailly, nous adresse les plus durs reproches, et témoigne le regret d'être obligé de commencer ses fonctions par de sévères réprimandes. Tout s'apaise...; on s'occupe moins de la révolte...; on n'y pense plus....

13 mai 1815, 6 heures du soir. — Je suis pour ma part distrait de ces pensées par un événement funeste : je perds ma bonne tante. Quelle douleur pour cette famille qu'elle a vue naître et qu'elle a élevée! avec laquelle elle vivait depuis vingt ans! Ni la tendresse filiale de sa nièce et ses soins touchants, ni la force de sa complexion, n'ont pu vaincre l'âge et la maladie. Ma tante est morte en regrettant beaucoup la vie. Elle ne vivait déjà plus moralement depuis deux jours. Maman s'est retirée chez des amis, afin de se dérober au triste spectacle de son agonie et de

1. Alors âgé de près de quatre-vingts ans.

sa mort. Mon père en a été le triste témoin. Ma mère est inconsolable; elle a perdu sa seconde mère, qui lui a plus d'une fois sauvé la vie.

15 mai. — Je suis appelé pour son convoi. Hélas! je n'ai pas eu le douloureux plaisir de dire à ma tante un dernier adieu! Je la perds pour toujours! Je suis accablé de tristesse.... L'idée de son bonheur actuel me console un peu. Je ne l'oublierai jamais[1]....

23 juin 1815. — Je venais de composer une mauvaise chanson sur l'incrédulité, et à l'amère ironie politique qui la termine on serait tenté de croire que je pressentais, il y a deux jours, les désastres affreux qui me consternent aujourd'hui : L'Empereur est à Paris! L'armée est presque détruite! La vieille garde a existé!... Cette nouvelle nous accable.... Tous les partis se rallient au cri de : Vive la nation! On demande à aller travailler aux fortifications. Sur le sot refus de nos cuistres, nous nous habillons. Huard et quelques autres séditieux excitent le peuple. Les portes sont enfoncées!... Nous nous élançons en ordre, hors de la prison,

1. Il est assez singulier qu'Émile Bary ne dise pas, dans son mois de mai, que son père fut alors nommé député à la Chambre des représentants par le collège d'arrondissement de Saint-Pol (Pas-de-Calais).

et, après avoir traversé les faubourgs étonnés, nous débouchons par la barrière d'Italie. Là, on nous donne des armes; on nous mène aux fossés, et le lycée pioche, bêche, sue, traîne la brouette, s'éreinte avec zèle; le tout pour la patrie. M. Clérisseau nous a envoyé des vivres, et nous sommes revenus au lycée à 7 heures du soir, en électrisant le peuple par les cris multipliés de : Vive la France! Vive la Patrie! mêlés de quelques cris insensés de : Vive l'Empereur!... cris qui supposaient qu'on ne pensait plus que l'Empereur venait de faire tuer pour son ambition cent cinquante mille hommes!

Nous apprenons à notre retour l'heureuse nouvelle de l'abdication de Sa Majesté.

Le lendemain, nous sommes récompensés de nos travaux patriotiques par une bonne courbature.

3 juillet 1815. — Le lycée est presque désert. C'est une auberge, où l'on entre et d'où l'on sort à volonté. Et moi! Il faut que j'y reste! Plus de classes! Ah! quel ennui! non pas parce qu'il n'y a plus de classes..., mais parce que tous les élèves s'en vont, et que je suis presque seul. Il ne me reste qu'une consolation....

FIN DES CAHIERS D'UN RHÉTORICIEN.

A la suite de ces petites éphémérides, j'ai retrouvé dans le portefeuille de mon père un certain nombre de papiers d'élèves, qui m'ont paru
offrir quelque intérêt par les vues qu'ils nous
ouvrent sur l'ancienne Université, sur l'esprit
des élèves et des maîtres, et même sur celui
du Grand-Maître. C'est à ce titre que je donne
ici quelques-uns de ces papiers.

LETTRE DE MESSIEURS LES RHÉTORICIENS
A M. DE WAILLY.

Monsieur le Proviseur,

Lorsqu'on vous adresse une juste réclamation, on est sûr d'être écouté. Ces jours derniers, quand il s'agissait de confier à messieurs les proviseurs l'examen des copies du concours, votre délicatesse a refusé, dit-on, de prendre part à un jugement où la gloire de votre famille était intéressée. Aujourd'hui, vos rhétoriciens, les condisciples de votre fils, osent vous prier de renoncer à la correction des devoirs du collège, dans une classe où les succès deviennent importants.

Nous serions très fâchés que quelques personnes malintentionnées pussent jeter des doutes injurieux sur les prix de notre camarade, ou même que plusieurs d'entre nous, vaincus par lui dans les compositions, osassent vous blesser par dés murmures, qui, pour être mal fondés, n'en seraient pas moins désagréables. Votre Alfred[1] lui-même goûterait mieux le

1. Alfred de Wailly, plus tard proviseur lui-même au lycée Henri IV.

plaisir des triomphes qu'il mérite, s'il ne restait plus de prétexte à ses rivaux pour les rabaisser.

Ne croyez pas, monsieur, que nous soupçonnions votre équité. Si par hasard vous corrigiez le devoir d'Alfred plutôt en père qu'en juge, c'est que vous seriez aveuglé malgré vous par une partialité involontaire, dont ne pourraient se défendre les autres parents qui seraient à votre place.

Pleins d'une respectueuse confiance en vous, nous espérons que vous nous donnerez une nouvelle preuve de votre justice et de votre désintéressement, en laissant aux seuls professeurs le soin d'examiner les copies, et en voulant bien sacrifier vos droits au désir de tous les élèves. Si vous décidiez autrement, notre plus grand chagrin ne sera pas de voir rejeter notre demande, mais d'apprendre qu'elle a pu vous offenser.

Nous avons l'honneur d'être, avec le plus profond respect et la plus entière soumission,

Vos rhétoriciens internes et externes.

CARMEN FUNEREUM DE FRATRIS CARISSIMI MORTE.

Ter quinos Agatho jam lunæ impleverat orbes,
Et jam tentabat dubio vestigia gressu.
Jam lepido risu lætam cognoscere matrem
Incipit, et caræ nutrici parvula tendit
Brachia, blanditurque oculo gestuque loquaci.
Quantus honos puero! pulchri quæ gratia vultus!
Fronti quale decus! spirabant ora futuri
Ingenii igniculos et nobile mentis acumen.
Crescebat sic ingenuus felicibus infans
Auspiciis; una crescebant gaudia matris;
Gaudia longa parum! fœdi contagia morbi
Corripiunt subito puerum, crudique dolores.
Ilia singultu longo intenduntur, et ægrum
Tussis anhela quatit; sævit simul arida febris.
Sed multo graviora manent : nam corpus eodem
Tentatur morbo interius; præcordia, fauces,
Et linguam cui mox discendum dulce parentis
Nomen erat, compressa intrinsecus ulcera claudunt,
Atque alimenta vetant fragili succurrere vitæ....
Ah! miserere, Deus! gemebundam respice matrem,
Respice fraternos fletus, luctumque parentis!
Sed frustra; en oculos pressit vis ferrea lethi.
Heu! dilecte puer, non te, nutrice relicta,
Aspiciam tenera matris cervice supinum,
Dulce onus, aut patriis ridentem hærere lacertis!
Crudeli heu fato cadis immaturus et insons!
Jam tellus gremio pueri miserabile corpus,
Lætitiamque brevem tenet, et spes hausit inanes.

ÉMILE L.-F. BARY,
Élève de 3e au lycée Napoléon.

Avril 1813.

LETTRE ADRESSÉE PAR M. DE FONTANES
A M. AMAR, PROFESSEUR D'ÉMILE BARY.

Paris, le 18 juin 1813.

Monsieur le Professeur,

J'ai reçu les vers du jeune Bary. Je vous remercie de m'avoir fait connaître ces productions
d'un talent naissant, qu'il est juste d'encourager.
Comme vous, j'ai trouvé dans les deux opus-
cules du jeune Bary de la sensibilité, de la
grâce et de l'élégance, et j'ai d'autant plus de
plaisir à les louer, que les talents de l'élève sont
l'ouvrage du maître, et qu'ils deviennent la récompense la plus flatteuse de son zèle, de ses
lumières et de ses soins.

Recevez, Monsieur, l'assurance de ma considération.

Le Sénateur Grand-Maître de l'Université
impériale.

Signé : FONTANES.

*A Monsieur Amar, professeur de la première an-
née d'humanités, au lycée Napoléon, à Paris.*

BARY. — FRANÇAIS, CONCOURS GÉNÉRAL.
(1816.)

NARRATION [1].

Sous un règne où les philosophes qui louaient la vertu semblaient dénoncer les vices du prince, Dion Chrysostome, proscrit par Domitien, cherchait de ville en ville un abri pour reposer sa tête. Sans succomber sous le poids de l'infortune, sans voir les hommes plus heureux que lui avec le dédaigneux orgueil de la misère, il honorait ses malheurs par une modeste patience. Quoiqu'il lui fallût souvent payer sa subsistance avec le travail de ses mains, il mangeait avec joie le pain couvert de ses sueurs, en songeant aux vils affranchis de Domitien, qui, après avoir signalé le jour par des assassinats, dévoraient pendant la nuit le bien des nations. De toute son opulence, il ne lui restait que le dialogue où le disciple de Socrate apprend à supporter les maux de la vie, et la harangue où l'éloquent ennemi de Philippe défend sa gloire contre les calomnies de ses détracteurs.

1. Cette narration obtint le premier accessit au concours général de 1816. Le premier prix avait été donné à Michelet et le second à Villemain. Les discours des deux prix ont été souvent cités.

Plus sage que Platon, puisqu'il pratiquait ce que l'autre n'avait qu'enseigné, moins heureux que Démosthène, puisqu'on l'avait condamné sans l'entendre, il parcourut en méditant ces ouvrages les champs de la Mysie, les monts de la Thrace, les déserts de la Scythie. Les barbares, dont les organes grossiers ne sont pas toujours insensibles au talent, s'il est vrai qu'ils suivirent Orphée dans les bois et qu'ils devinèrent longtemps après le génie d'Ovide, admirèrent dans Chrysostome cette éloquence qui prête des charmes à la vertu et qui emprunte sa principale force des actions de l'orateur.

Enfin, il se fixa chez les Gètes, et là son exil était adouci par la présence d'une armée romaine, qui campait sur les rives du Danube et qui semblait y porter avec elle la patrie défendue par sa valeur.

Tôt ou tard, la chute des tyrans satisfait à l'humanité et justifie la Providence.

Un jour que Dion, vêtu d'un habit de mendiant, inconnu à tous ses compatriotes, confondu au milieu du camp romain dans la foule des ouvriers, dressait des tentes et formait des palissades (travaux qui n'eussent pas semblé trop pénibles à un citoyen tel que Dion, si son indigence ne l'eût réduit à en recevoir le salaire), le bruit se répand que les courtisans de Domitien viennent de l'égorger, pour prévenir leur supplice.

A la nouvelle imprévue d'une si grande révolution, les soldats restèrent immobiles, appuyés sur leurs lances. Bientôt un murmure confus erra dans cette immense multitude. Enfin la discipline se relâche, les passions s'éveillent, la licence s'enhardit; les plus séditieux courent de rang en rang en agitant leurs épées : « Plus de chefs, s'écrient-ils, et plus d'obéissance! Serons-nous les esclaves des meurtriers de Domitien? N'est-il pas temps de courir à la fortune? Laisserons-nous cette mort impunie? »

Tout à coup, Dion jette les haillons qui le couvrent, s'élance sur un autel, et, fort de l'ascendant que lui donne son audace : « Romains, s'écrie-t-il, en promenant de tous côtés des regards animés par l'indignation, qui regrettez-vous? Qui voulez-vous venger? Quoi! parce que le tyran est mort, le souvenir de ses forfaits ne vit-il plus dans vos cœurs?

— Eh! qui es-tu, dit un soldat, pour oser flétrir la mémoire de Domitien?

— Je suis, réplique Dion, un citoyen vertueux qu'il a proscrit. J'ai acheté par mes misères le droit de haïr l'auteur des misères publiques. Quand vous saurez qu'on a mis à prix la tête de Dion parce qu'il n'a pas applaudi aux crimes de Domitien, vous ne lui ordonnerez plus de respecter son persécuteur. Mais moi, je vous interroge à mon tour : La vie d'un homme est-elle sacrée lorsque les mânes de tant d'illustres héros qu'il a immolés crient vengeance contre lui?

« Eh quoi! Domitien, tournant en fureur sa feinte bonté, aurait répandu le sang le plus précieux, assouvi les passions les plus forcenées, épuisé tous les forfaits, et il régnerait encore? Ses sujets l'auraient vu d'un œil indifférent assister au supplice des Romains les plus distingués, endurcir son front contre la honte en l'armant d'une cruelle rougeur, et insulter aux mourants par un rire amer et des railleries affreuses! On aurait cru outrager les dieux en faisant périr celui qui osait usurper leur rang, comme si les cadavres de ses sujets étaient les degrés sanglants qu'il avait choisis pour monter au ciel!

« Et si l'on n'avait pas délivré la terre de son oppresseur, n'allait-il pas étendre sa rage sur la lie du peuple, sur sa famille elle-même? Ne paraissait-il pas vouloir abattre d'un seul coup tout l'empire?

— Il aimait son armée, dit une voix, et c'est assez pour nous.

— Son armée! reprend Dion. Était-ce la sienne ou celle de la patrie? Est-ce pour servir la cruauté d'un seul homme que vous campez ici, ou pour protéger les frontières de l'empire? Il aimait son armée! C'est-à-dire il flattait les

défenseurs de l'État pour le déchirer impuné-
ment. Ah! soldats! si vous êtes vraiment Romains, oubliez l'amitié sanguinaire d'un homme
qui régnait pour lui seul et ne voyait dans ses
semblables que les instruments et les victimes
de la tyrannie!

« Pensez à la situation de l'empire, représen-
tez-vous les mœurs corrompues, les lois anéan-
ties, la fidélité des provinces ébranlée, l'hydre
des factions renaissante. Ne faut-il pas qu'une
main sage et pacifique calme les troubles et ré-
pare les désordres? »

Ici un jeune centurion dont le visage respi-
rait la guerre, élève son javelot :

« Et qui nous guidera à la gloire? s'écrie-t-il.

— Les généraux, répond Chrysostome, qui ont
échappé aux rigueurs de Domitien. Soyez sûrs,
soldats, que votre valeur sera toujours dirigée
par de grands capitaines, quand les empereurs
ne sacrifieront plus à une ombrageuse politique
les héros qui défendent la patrie. C'est en vain
que nos malheurs irritent l'ambition des étrangers. Les torrents de ces barbares ne se débor-
deront pas dans notre empire, si nos généraux
sont innocents malgré leur renommée; si les
lauriers des sujets peuvent croître à l'ombre du
trône du monarque.

« Confions enfin le sceptre à des mains dignes
de le porter, et elles nous rendront notre gloire.

« Écoutez-moi, soldats! Si l'on vous disait qu'il existe un homme, étranger à tous les partis, dont toutes les actions sont dictées par la plus profonde sagesse, dont les moindres paroles prouvent une bonté touchante, dont le grand âge exclut les folles passions, enfin dont la vertu est attestée par la haine que lui portait Domitien, qui de vous ne le croirait nécessaire au salut de l'empire et au bonheur du monde? Eh bien, cet homme existe : le reconnaissez-vous?

— C'est Nerva! s'écrièrent d'une voix unanime tous les officiers.

— Oui! c'est Nerva; ce nom sacré retentit dans tous les cœurs! Si Jupiter veut finir nos maux, s'il éteint la foudre que nos crimes ont allumée entre ses mains, vous avez nommé votre empereur. Que tardez-vous, mes amis, à porter vos aigles devant ce vénérable vieillard, et à ceindre ses cheveux blancs du diadème? Rompez tout pacte avec la tyrannie. Jetez-vous dans les bras qu'un grand homme tend avec joie à ses concitoyens infortunés, et que Rome, sauvée par votre heureux choix et votre noble fidélité, vous nomme les plus glorieux enfants du Père de la patrie! »

Éclairés par ce discours, les soldats foulent aux pieds les drapeaux qui portent l'image de Domitien; ils lèvent les yeux au ciel, bénissent le conseil de Chrysostome, et proclament Nerva leur empereur.

Dès ce jour même, Dion est élevé au rang qu'il mérite, et les Romains ne se rappellent plus la cruauté de Domitien que pour jouir avec une plus vive reconnaissance des bienfaits de son successeur.

COMPOSITION FRANÇAISE D'ÉMILE BARY, POUR L'EXAMEN D'ADMISSION A L'ÉCOLE ROYALE POLYTECHNIQUE. (Août 1818.)

SUJET DONNÉ : *Cicéron découvre le tombeau d'Archimède.*

Tullius Cicéron à son ami Pomponius Atticus, salut.

Je veux vous rendre compte, mon cher Atticus, d'un événement qui peut paraître indifférent ou vulgaire, mais dont vous êtes digne d'apprécier l'importance. Je sais que vous admirez comme moi le génie d'Archimède, bien qu'il se soit livré à des études bien différentes des nôtres. Nés citoyens d'une ville qui est la maîtresse du monde, nous cherchons seulement à approfondir l'histoire qui nous fait connaître les nations que nous devons gouverner, et l'éloquence, qui nous apprend à exercer sur nos

propres concitoyens un empire encore plus beau
que celui que la victoire leur a donné sur les
peuples vaincus. Cependant nous savons rendre
justice à ces Grecs qui, plus jaloux d'instruire
les hommes que de leur commander, s'enseve-
lissent dans l'ombre de la solitude et consa-
crent leurs travaux désintéressés à la recherche
des secrets de la nature et des lois éternelles qui
régissent la matière. D'ailleurs nous les voyons
souvent sortir avec éclat de leur retraite, pour
apporter à la société les résultats importants
de ces études, qui semblaient d'abord n'offrir
que d'inutiles spéculations. Vous souvient-il des
vives sensations qui nous agitaient en lisant
dans notre histoire ce siège de Syracuse, où le
géomètre sicilien nous combattit avec des armes
tout à fait nouvelles, et, durant deux années,
balança par son génie la fortune du peuple romain? Nous nous représentions avec étonnement
nos braves soldats, nos vieux centurions, cou-
verts de cicatrices, versant des pleurs de rage à
la vue de leurs vaisseaux livrés sans défense à
ces feux destructeurs, que lançaient de loin des
miroirs ardents, s'indignant de ne pas voir près
d'eux d'ennemis à frapper, et ne comprenant
pas pourquoi la valeur ignorante et grossière ne
peut rien contre les combinaisons d'une science
profonde. Nous gémissions ensuite de ce qu'un
barbare terminait par un coup d'épée les médi-

tations du grand homme, en répandant un sang
si précieux sur le sable, où il traçait des figures
savantes.

Aussi la première idée qui me frappa, lors de
ma nomination à la questure de Sicile, fut que
j'allais habiter la patrie d'Archimède, et que je
pourrais rendre à sa mémoire les honneurs qui
lui sont dus. Arrivé à Syracuse, je m'empresse
de demander son tombeau.... Personne ne peut
me dire où repose la cendre d'Archimède. Oh !
cruelle ingratitude des hommes! m'écriai-je. Un
de ces génies que la nature n'enfante qu'à de
longs intervalles, a voué tous ses jours à la défense de la liberté de ses semblables, toutes ses
nuits à la découverte des vérités qu'il leur importe le plus de connaître ; il ne leur a demandé
pour sa récompense ni richesse, ni puissance,
ni plaisir; il ne voulait que de la gloire, et l'on
a pu la lui refuser ! Vivants, les grands hommes
sont persécutés; morts, ils sont oubliés !

Pour moi, je suis dès lors animé du désir de
réparer envers Archimède les torts de ses indifférents compatriotes. N'était-ce pas rendre aux
Siciliens un service digne du représentant du
peuple romain que de faire revivre les honneurs
d'un homme qui sera peut-être un jour leur seul
titre au souvenir de la postérité !

L'accomplissement de ce dessein m'a coûté
beaucoup de recherches trop longtemps infruc-

tueuses. En parcourant les villes et les campagnes, je trouvais partout sur mes pas ces machines ingénieuses, dont il est l'inventeur, chefs-d'œuvre des arts, qui auraient suffi pour immortaliser tout autre génie, mais qui n'étaient que les délassements d'Archimède, fatigué des abstractions géométriques.

Je revoyais partout Archimède dans ses ouvrages, et je demandais en vain à tous les lieux la tombe d'Archimède. Il me semblait que les dieux me devaient le bonheur de la découvrir.

J'aime la gloire, Atticus; je ferai tout pour l'obtenir; mais je veux la partager avec les grands hommes qui honorent toutes les nations.

Ah! si les illusions de l'amour-propre ne m'aveuglent point; si de la source abondante des sentiments forts et généreux qui inondent mon cœur, il peut sortir un jour des paroles éloquentes qui se gravent dans l'âme de mes concitoyens; si je puis du haut de la tribune dévoiler les trames criminelles des ennemis de Rome, et sauver ma patrie, peut-être moi-même aurai-je besoin qu'un vengeur de mon nom me rende ce que j'aurai fait pour Archimède, et vienne le premier déposer sur mon urne funéraire les palmes dues aux triomphes de l'éloquence!

Je promenais un jour ces rêves de gloire dans le lieu consacré aux sépultures. J'errais au milieu des tombeaux, cherchant à y lire sur quelques inscriptions ce qu'avaient été autrefois ceux qui n'étaient plus rien. Presque tous ces caractères étaient effacés. Tous les hommes étaient confondus dans cet asile, sans qu'il restât aucune trace de leur passage sur la terre.

Enfin, las de chercher vainement, et désespérant déjà de la gloire humaine, je m'apprête à quitter ces lieux. D'une main distraite, j'écarte avec négligence des ronces et des épines qui me ferment le chemin; mais tout à coup je vois qu'elles recouvrent les débris d'une colonne mutilée; je m'approche; je regarde : c'est elle! c'est la sphère inscrite au cylindre! c'est la figure fameuse qu'Archimède avait recommandé de graver sur son monument. « Je l'ai trouvé! m'écriai-je avec transport. Je l'ai trouvé! répétai-je plusieurs fois.... » C'est la seule parole qui pût exprimer le ravissement que fit naître en moi la vue de cette épitaphe immortelle. C'était celle qu'avait proférée autrefois Archimède dans le premier moment d'ivresse, après une découverte sublime....

J'étais aussi heureux de lui rendre sa gloire qu'il l'avait été lui-même de la mériter.

O mon cher Atticus! réjouissez-vous avec moi : je l'ai trouvé!...

A M. Louis Bary, rue des Saints-Pères, 54.

6 juin 1816.

Mon cher Papa,

Je ne puis plus longtemps différer un entretien auquel j'attache un si tendre intérêt. Mes sentiments trop pressés ont besoin de se répandre dans ton cœur paternel. Je désire te parler de toi, de moi, de Bréville. Je veux que ma confiance en ta bonté soit égale à ma reconnaissance pour tes bienfaits.

Comme à mon père, je ne dois te cacher aucune de mes actions. Comme à mon ami, je dois te rendre compte de mes pensées.

Pourquoi te déguiserais-je mes penchants, qui, sans être toujours irréprochables, ne sont jamais criminels? Pourquoi te déroberais-je la moitié de moi-même? Ne trouverai-je pas en toi la facile indulgence d'un père, plutôt que la triste austérité d'un censeur? Ce serait te ravir le fruit de tes soins, que de t'ôter la connaissance d'un cœur que tu as formé. Puisque tu vis pour maman et pour moi, il faut que je te consacre aussi une grande partie de ce que je puis donner, je veux dire ma tendresse, et que je te fasse au moins le confident des affections dont tu n'es pas l'objet.

J'ai un autre ami. Je ne suis pas étonné qu'en

l'apprenant, au lieu de me donner des avis sur la conduite que je dois tenir avec lui, tu aies douté des sentiments que je lui porte. Les jeunes gens forment entre eux tant de commencements de liaisons, qui n'ont pas de suite, soit parce qu'ils ne peuvent plus se revoir, soit parce que leurs idées diffèrent, qu'il faut du temps pour distinguer l'amitié d'avec les caprices.

Je te conjure de me croire, et de ne pas alléguer contre moi le long silence que j'ai gardé avec toi sur un sujet aussi important.

Je me taisais, parce que je craignais de livrer à tes plaisanteries une chose aussi respectable ; parce que je voulais être sûr de posséder le cœur de mon ami, avant de m'exposer à encourir de toi le reproche d'erreur ou d'inconstance, en cas de rupture ou de refroidissement.

Mais aujourd'hui, je crois connaître Bréville, et me connaître aussi moi-même. Douterais-tu de la solidité de cette liaison, parce que c'est mon premier attachement? Auparavant, quand même mon âge n'eût pas exclu l'amitié, mon choix ne pouvait encore être décidé. Les fruits tardifs sont-ils les plus mauvais fruits ? Avant de pouvoir satisfaire mon besoin d'aimer, de combien de chimères n'ai-je pas nourri mon cœur trop affectueux, trop tendre, qui n'en trouvait pas encore de réellement semblables à lui! Me regardais-tu comme incapable d'aimer?

Ce n'est pas à toi à le penser. L'affection que j'ai pour toi est fortifiée par une profonde reconnaissance, et soutenue par une douce habitude, mais elle n'a pas cette chaleur et cette vivacité qui animent un jeune cœur, elle ne connaît pas ces puissants élans qui emportent deux âmes l'une vers l'autre : tout cela n'est pas réservé pour les amis que nous tenons de la nature, mais pour ceux que nous donne notre choix.

Les droits que tu as sur mon âme sont beaucoup plus sacrés à mes yeux que ceux de Bréville, mais les siens me sont presque aussi chers. Qu'il est vrai, ce mot d'une femme, à qui l'on demandait qui elle sauverait, de sa mère ou de son amie, dans un péril imminent! « Je retirerais de l'eau ma mère, dit-elle, et je me noierais avec mon amie. » La différence d'âge et de penchant qui existe entre nous réprime l'impétuosité des sentiments. Le respect, sans diminuer la force de la tendresse, en calme les ardeurs. Dans mon enfance, quand j'aimais maman et toi sans savoir encore vous révérer, je vous prodiguais les embrassements et les caresses. Quand j'ai grandi, elles vous ont paru de trop. Est-ce le moyen d'échauffer la tendresse, que d'en supprimer les plus doux témoignages? Que serait-ce donc, si tu me défendais de vous tutoyer! — Pour être meilleur fils, il faut être quelquefois plus enfant.

« Vous vous aimez tous deux, me diras-tu ;
mais qui peut me répondre de votre constance? »

Ce ne sont pas encore nos actions, mais ce
sont nos sentiments. Je ne puis ni t'en faire voir
ni t'en faire toucher des preuves matérielles.
Mais, sans doute, tu estimes plus le cœur que
les services rendus, et tu penses que deux jeunes gens, encore cachés sous l'aile de leurs parents, n'ont eu le temps que de s'aimer, et non
pas de se soutenir mutuellement, dans un vol
qu'ils n'ont pas encore pris.

Pendant trois mois de séjour au lycée, nous
étions toujours ensemble, sans nous lasser, et
quand l'un de nous deux s'était éloigné de l'autre durant une seule récréation, il employait la
suivante à s'en justifier. Je lui écrivais très souvent de Saint-Pol. Je suis allé passer chez lui,
à Doullens, tout le temps que j'ai pu dérober à
mes hôtes. Nous nous écrivons depuis huit mois
presque toutes les semaines. Il m'invite à lui
consacrer toutes mes vacances et veut ensuite
revenir à Paris, avec moi, pour y achever ses
études. Que veux-tu de plus? Vois-tu là des
marques d'oubli ou d'indifférence?

Si je ne t'ai pas montré ses lettres, ma réserve
à ce sujet ne doit pas t'offenser. Outre que les
lettres renferment le secret d'autrui, qu'on ne
peut trahir sans indiscrétion, l'amitié exige un
certain mystère, dont je sens la nécessité plutôt

que je ne l'explique. On la profanerait en l'abandonnant à trop de regards. Une franchise aussi illimitée régnerait-elle dans les lettres de Bréville, ses sentiments y couleraient-ils avec un si aimable abandon, s'il savait que ses confidences passent dans d'autres mains? Et si je le lui laissais ignorer, mon silence serait-il digne d'un ami? Si ces lettres étaient des morceaux de littérature, pétillant d'esprit, étalant une élégance recherchée, je te les aurais montrées, comme je te montrerai celles que m'a écrites Lacomble. Mais, sur-le-champ, je mettrais fin à la correspondance, comme j'ai fait avec lui. Les pointes, les épigrammes, les saillies peuvent animer une conversation indifférente, mais elles sont bannies du langage de l'amitié. Ce n'est pas qu'elle rejette l'esprit, si l'on entend par esprit ces mouvements vifs, ces tours fins, ces idées délicates, ces termes gracieux qui expriment les diverses sensations. Nos lettres sont pleines de sentiments tendres et passionnés, qui soulagent le cœur et adoucissent l'absence, mais qui ne seraient peut-être pas bien compris d'un homme âgé[1], qui ne définit plus l'amitié : « L'amour dégagé du commerce des sens. » Jean-Jacques aimait ses amis comme ses maîtresses.

---

1. M. L. Bary, ayant vingt et un ans de plus que son fils, avait alors trente-huit ans.

Enfin Bréville, dans ses lettres, me prodigue les éloges. Ce qu'il me dit flatte mon amitié, et non mon amour-propre. Ne sachant si je dois y croire, ou n'y pas croire, mais toujours persuadé que, s'il dit des mensonges, son cœur ne ment pas, et que, s'il se trompe, c'est sans vouloir me tromper, je jouis de ses louanges comme des marques d'une estime qui ne peut qu'augmenter son inclination pour moi. Mais je n'aimerais pas proclamer devant autrui mon propre panégyrique, même quand il est dans la bouche d'autrui. Je te supplie donc, mon cher papa, de souffrir qu'avant que je te communique ces lettres, j'en obtienne la permission de celui qui les a écrites. J'espère que tu seras moins sensible au refus qu'aux motifs qui l'ont dicté.

Pour celles que je lui envoie, je n'en ai pas conservé les copies. Mais elles ressemblent aux siennes : en décrivant les idées qui nous occupent et les sensations qui nous agitent, notre imagination prend un rapide essor. Dans mes lettres datées de Saint-Pol, j'entretiens Bréville des aventures du voyage, du charme des promenades, des plaisirs de la campagne, des vertus de mes bons hôtes. Le tableau des *fêtes d'aise* que je vous ai tracé n'était qu'une froide esquisse d'un autre que je lui ai envoyé, peint avec des couleurs vives et fortes.

Quant au caractère de mon ami, Camille

Onfroy de Bréville est un bon jeune homme, qui a une âme douce et tendre, une grande sensibilité, des idées mûres, un esprit juste, et déjà une certaine connaissance du monde. Les malheurs de sa famille et la vie agitée qu'il mène, ont empêché qu'il ne perfectionnât son éducation.

En rhétorique, l'année dernière, il n'était fort qu'en français et en version. Il a plus vu qu'étudié, plus pensé que lu; mais doit-il nous paraître étranger parce qu'il n'est pas tout à fait du pays latin? Ne prouves-tu pas toi-même, par ton propre exemple, qu'on peut être fort riche de son propre fonds, sans posséder tous les trésors de l'antiquité?

Voilà, mon cher papa, les renseignements que je te devais. J'y puis joindre une prière : c'est que tu me permettes de cultiver avec zèle cette charmante liaison, et de ne pas former un vide affreux dans mon âme en me forçant de m'en priver. Ce n'est pas que je te prie de changer pour moi des arrangements où il faut plutôt encore observer les convenances qu'écouter ses inclinations. A Dieu ne plaise, qu'en contractant d'autres liens, je rompe ceux qui m'unissent avec toi, avec maman, avec tous ceux que vous aimez, et que les sentiments de l'amitié me fassent négliger les devoirs de la piété filiale! Mais souffre que ces nœuds se forment

sous les yeux. Il m'est si pénible de vivre une
année entière séparé d'un ami, à qui je confiais
toutes mes pensées, qui me livrait toutes les
siennes par un heureux accord, qui semblait
doubler nos existences ! Il me serait si doux
d'être un peu de temps avec lui, de concerter
ensemble nos projets d'état et de fortune, de
m'assurer la possession de son cœur, de réim-
primer dans son âme ce caractère de tendresse
qu'un long éloignement y pourrait effacer !

La jeunesse est le temps de l'amitié. Dans le
monde, où l'on se lance bientôt, on se partage
entre tant de personnes, qu'on ne s'attache à aucune, et la multitude des goûts énerve la vigueur
des sentiments. C'est au collège qu'on aime le
mieux, parce que l'amour, l'intérêt et l'ambition
ne disputent pas encore le cœur à une passion
plus douce. C'est vers elle que se portent toutes
les puissances de l'âme, et, quand elle s'enracine
en nous dans la jeunesse, l'âge ne fait que l'y
enfoncer plus avant.

Aussi, mon cher papa, j'espère vieillir en aimant de plus en plus toi et ma bonne mère[1].

1. Émile Bary réalisa ce vœu, et fut toujours le modèle des fils. — Il avait cinquante-huit ans quand, en
1857, il perdit sa mère, âgée de soixante-dix-sept ans ;
il en avait soixante-six, en 1865, quand il perdit son père,
à l'âge de quatre-vingt-sept ans. Il mourut quelques mois
après son père (19 juillet 1865).

Adieu, mon cher papa. Je n'ai pas besoin de te répéter combien je te chéris, puisque je viens de te dévoiler mes plus doux secrets.

Ton fils respectueux et ton ami sincère,

ÉMILE BARY.

Le lecteur trouvera peut-être curieux, après avoir apprécié l'esprit et le jugement déjà si nets et si formés d'Émile Bary à seize ans, de voir comment l'enfant avait été élevé.

Voici une lettre, qu'il adressait de Noyon à son père en 1811. Émile Bary avait donc douze ans. Son père lui répond sur le même papier; c'est-à-dire qu'il met des renvois après chaque phrase qui lui paraît défectueuse comme grammaire ou comme pensée, et il place la remarque dans les marges, et en face de la faute.

Cette lettre prouve combien ce jeune père s'occupait de son fils, déjà observateur et studieux, et comment la sagesse paternelle cherchait à développer ces qualités naturelles.

LETTRE D'ÉMILE BARY, A L'ÂGE DE DOUZE ANS ET DEMI, ÉCRITE DE NOYON A SON PÈRE.

A Monsieur, Monsieur Bary, rue de l'Université, au coin de celle des Saints-Pères, 2, Paris.

30 août 1811.

Mon cher Papa,

Maman et moi nous sommes arrivés chez ma tante en bonne santé; nous n'avons éprouvé aucun accident dans notre voyage. Maman a toujours eu une échelle pour monter dans le cabriolet[1]; nous avons été en très bonne compagnie jusqu'à Verberie. L'ecclésiastique qui était avec nous est un très brave homme[a], très instruit, qui a été professeur de M. de Wailly. Il m'a fait nombre de questions sur mes études, sur le lycée, etc., etc.; il m'a demandé comment je m'appelais, où je demeurais, etc., etc. De mon côté je lui ai demandé son nom. Il s'appelle Bordery, et est vicaire à Saint-Thomas d'Aquin[b].

Verberie était le terme de son voyage. Il nous a quittés là. Mais, jusqu'à Noyon, nous avons été bien mal partagés, en fait de compagnie.

Un militaire remplaçait ce monsieur dans le cabriolet. Sa femme a prié maman de lui céder sa place, afin de se mettre à côté de son mari. Quant à maman, elle a été dans la voiture. Un homme toujours ricanant, faisant endêver sa femme, lui disant des bêtises, se disputant et se raccommodant avec elle ; tel était ce militaire, qui était à côté de moi. Il puait; il fumait la pipe, et crachait à tous moments.

Les b... et les f... voltigeaient sur sa bouche, qui, par parenthèse, était très grasse. En un mot, lui et sa femme étaient du plus mauvais genre.

Enfin, à Compiègne, maman, qui voulait être à côté de moi, a repris sa place à la femme du

1. C'était sans doute le suprême du confortable.

militaire, et, avec nous, il a été un peu plus raisonnable qu'avec sa femme.

Arrivés à Noyon, nous avons été accompagnés
à l'auberge par M. et Mme Ferney[c].

Ma tante Dives se porte très bien. Elle nous a
accueillis avec une grande bonté. Je l'ai embras-
sée pour toi, en arrivant ; à son tour, elle me
charge de t'embrasser.

J'ai visité tous les livres qui sont chez elle. Je
vois qu'il serait inutile de t'en faire le catalogue[d] ;
il y en a qui sont au-dessus de ma portée ; d'autres ne sont pas bons pour moi ; ceux-ci sont sacrés ; ceux-là roulent sur l'éloquence sacrée, sur
l'éloquence du barreau. Ma tante m'a dit que
j'en emporterai quatre : trois pour mes étrennes,
un pour mon prix. Ma tante n'a pas de *Henriade*.

Voici les livres que je crois les plus nécessaires :

En deux volumes : *les Synonymes français*, par
M. l'abbé Girard. En un volume : *l'Art de bien
parler et de bien écrire, ou la Rhétorique française*,
par M. Beauvais. Voilà déjà trois livres. Il en
faudrait encore un.

Je penche pour *les Mœurs et Coutumes des Romains*, ouvrage écrit en latin, par M. de Nieu-
poort, et traduit en français par l'abbé ***. Mais
tu choisiras toi-même. Tu t'y connais mieux
que moi. Voici encore d'autres livres :

Juvénal, tout latin ; *Tacite*, tout latin ; *la Re-*

ligion et *la Grâce*, poème de Racine fils. Une traduction des *Églogues* de Virgile. (Je n'aime pas
cette traduction. J'ai lu la moitié d'une Églogue
dont la traduction est inexacte et ne rend pas le
latin avec toute sa force et toute son énergie.)

J'ai bien assez de temps dans la journée pour
donner quelques heures au travail.

J'apprends mes verbes grecs et je fais de petites versions d'Ésope, en suivant la méthode de
M. Auvray[1]. Je continue à traduire du *Selectæ*,
et je refais quelques devoirs de l'année.

Je te prie de me poser des questions, et de
me les envoyer. Tu me donneras aussi une petite idée des réponses, comme tu fais ordinairement. Je te prie de ne pas me donner des sujets
historiques, comme par exemple des analyses de
l'histoire de France, des récits d'histoire romaine
ou grecque, parce qu'il faut toujours des matériaux pour te faire les réponses, et je n'en ai
aucun chez ma tante.

Adieu, mon cher papa. Maman et moi, nous
t'embrassons de tout notre cœur. Je te prie de
dire à ma tante Étévenon que je me suis acquitté
de sa petite commission, et que ma tante Dives
l'embrasse aussi. Mon cousin Cambronne et son

---

1. Combien de fois n'ai-je pas entendu mon père parler avec affection et reconnaissance de son ancien professeur de cinquième, M. Auvray, devenu plus tard inspecteur de l'Académie de Paris !

fils sont absents. Le fils, à sa pension, a été chargé de prix. Aussi son papa l'a-t-il mené en vacances à Saint-Quentin, à Péronne, etc., etc.; tantôt dans une ville, tantôt dans une autre. Nous espérions trouver mon oncle Defrance à Noyon, d'après ce que nous avait dit M. Lainé; mais il est parti avant notre arrivée. Maman lui écrira demain.

Nous n'avons pas encore rendu nos visites. Nous les rendrons ce soir. Elles sont au nombre de huit. Ma tante Lemerle, nos cousins et cousine Ferney, Mme Cambronne t'embrassent.

Maman me charge de te dire qu'elle n'a éprouvé d'autre désagrément du cabriolet, que la honte que tu lui as causée quand tu l'as fait monter dans la voiture, et qu'elle a été obligée de redescendre. Elle l'a encore sur le cœur (selon ses expressions).

ÉMILE BARY.

Tu sais que M. Chépy m'a fait espérer qu'il me répondrait. Je te prie de m'envoyer sa lettre s'il l'écrit.

Pardonne si je t'écris aussi mal, avec une aussi mauvaise plume. Mais, maintenant, je n'écris jamais mieux.

OBSERVATIONS SOUS FORME DE RÉPONSE, ÉCRITES PAR M. L. BARY PÈRE, SUR LES MARGES DE LA LETTRE DE SON FILS.

Septembre 1811. Paris.

A. — On n'affirme pas qu'un homme qu'on ne connaît pas est un très brave homme. Il faut mettre : paraît être.

B. — C'est notre paroisse.

C. — Tu as sans doute voulu dire que vous avez trouvé M. et Mme Ferney à l'auberge où descend la voiture. Puisque vous n'alliez pas à l'auberge, ils n'ont pas pu vous y accompagner.

D. — Pourquoi ne pas me faire ce catalogue que je t'ai demandé? C'est surtout parce qu'il y a des livres qui te paraissent au-dessus de ta portée et qui te semblent n'être pas bons pour toi, qu'il faut m'en adresser un catalogue. Pourquoi t'en rapporter à ton seul jugement et ne pas vouloir recourir au mien? Tel livre que tu dédaignes est peut-être celui qu'il faudrait préférer. Par exemple : *l'Éloquence sacrée*, par M. Maury (aujourd'hui archevêque de Paris), est un ouvrage très estimé, et dont la lecture t'amuserait plus que tu ne penses.

E. — Lorsque tu m'auras envoyé le catalogue, je te désignerai les quatre volumes qu'il faudra préférer. Il faut d'ailleurs demander à ta tante si c'est quatre ouvrages, ou seulement quatre volumes, qu'elle veut bien te permettre de choisir. Je lui ai vu, et j'ai lu chez elle, une très belle édition de *la Henriade*.

F. — Je t'envoie la lettre de ce bon et estimable professeur, que tu embrasseras bien pour moi.

G. — Je ne te proposerai pas de question cette fois. Mais je voudrais que tu fisses du catalogue des livres de ta tante un travail raisonné. Pour cela, il faudrait jeter un coup d'œil rapide sur chaque ouvrage et m'en dire ton avis. Il ne faut pas employer le ton tranchant et affirmatif d'un demi-savant; mais le ton du doute, le seul qui convienne à un homme bien élevé et instruit, lorsqu'il s'agit de prononcer sur un ouvrage ou sur un autre.

Ce catalogue raisonné sera donc le premier travail que tu m'enverras.

Le second sera une description de Noyon, avec quelques portraits des principaux personnages que tu y auras vus. Observe attentivement chaque personne et chaque chose.

Tu vois, mon cher fils, quelle forme[1] j'emploie pour répondre à ta lettre. Je la prendrai toujours à l'avenir, ce qui transformera notre correspondance en une conversation ; écris-moi

1. Ces observations si pleines de sens sont écrites sur les marges et sur tout ce qui restait de blanc dans la lettre d'Émile.

à mi-marge, pour que je puisse te faire mes observations en regard de tes paroles.

Je suis content du style de cette lettre. Il est facile et coulant.

Ton voyage dans le cabriolet te donne une nouvelle preuve de la considération attachée à l'éducation et à l'instruction. Tu es pénétré de respect pour M. Bordery, et tu fais peu de cas de ce militaire jurant. Ce dernier est peut-être aussi un *très brave homme*, et il est certainement *un homme brave*, mais il n'a pas reçu d'éducation!...

Fais-moi part de tes observations sur tout ce qui y aura fourni matière.

Si tu faisais bien, tu tiendrais un petit journal de ton voyage; chaque soir ou chaque matin, on écrit ce qu'on a fait, ce qu'on a vu, ce qu'on a pensé le jour ou la veille, et l'on ajoute à tout cela quelques observations.

C'est ainsi qu'on se forme à l'examen et à l'analyse, sans lesquels il n'y a pas de science, ni d'expérience.

Un de ces soirs, j'ai rencontré la famille Ad. B.... Le frère et la sœur se préparent à faire leur première communion. On t'embrasse comme tu le penses bien.

Je t'embrasse aussi et de tout mon cœur.

L.-F. BARY.

Sois honnête et doux avec tout le monde,

10.

et donne surtout beaucoup de satisfaction à ta mère et à ta tante Dives, qui a été longtemps une mère pour toi. Embrasse-les bien pour moi l'une et l'autre, et présente mes respects et amitiés à toute la famille.

Remets l'incluse à ta maman.

Après avoir écouté Émile Bary raconter sa vie d'écolier, et porter le jugement d'un jeune homme de seize ans sur les événements de son temps, il m'a paru intéressant de chercher dans quelques lettres de ses amis, à peu près de son âge, l'état d'esprit de la jeunesse intelligente et laborieuse de cette époque, et, aussi, de voir l'estime et l'amitié qu'inspirait à ses amis notre jeune rhétoricien. « Dis-moi qui tu aimes, je te dirai qui tu es. » Nous pouvons donc compléter l'étude du caractère d'Émile Bary par celle de ses jeunes correspondants.

On est frappé, à la lecture de ces lettres, du rôle qu'y jouent les affections de famille ; de l'amour du travail qui anime ces jeunes gens, de la maturité de leurs esprits, surtout de la vivacité de leur amitié réciproque.

Je sais bien que l'emphase du style de cette période du siècle doit être prise en considération et retranchée de la somme du sentiment.

On m'a conté qu'un clerc d'huissier, fiancé en 1820 à une honnête et jeune sage-femme, lui disait : « Mademoiselle, je voudrais avoir un trône pour le mettre à vos pieds. » Je ne dois donc pas être surprise de voir, à seize ans, Camille de Bréville dire à son ami Bary : « Je n'ai aucun mérite à ne laisser usurper par personne le trône que tu occupes dans mon cœur ».

Mais, ce qui m'étonne, c'est l'exclusivisme de leur amitié; c'est cette crainte de la voir partagée par un tiers; c'est, enfin, l'application, qui paraît sincère, de ce mot de Rousseau : « L'amitié, c'est l'amour, moins l'esclavage des sens. »

Et, précisément, ce qui me charme, c'est ce besoin d'estime réciproque, mêlé à ce souffle de jeunesse et de passion qui anime cette amitié, à ces désirs fous de se revoir, à ces émotions causées par la réunion si impatiemment attendue, par la réception d'une lettre de l'ami!

Ah! que c'est bon et beau, la jeunesse qui sent et qui exprime!

Déjà Michelet, dans ses lettres de jeune homme, qui ont été écrites à la même époque, nous avait montré cette passion dans l'amitié la plus pure. Mais nous nous l'étions expliquée par la magie du style de cet enchanteur, par l'excès de cette imagination qu'il portait jusque dans l'histoire, parfois sans souci de la vérité.

Mais, quand on a eu le malheur d'avoir à apprendre dans son enfance les *Précis d'histoire* de M. Poirson, on ne peut accuser cet historien de pécher par le même défaut que Michelet.

C'est donc bien dans son cœur qu'il puisait

ces sentiments exaltés, ces expressions d'amitié que la fin du dix-neuvième siècle ne comprendrait plus.

O jeunesse du siècle! voilà de tes coups!

L'habitude qu'avaient alors les hommes de s'aborder ou de se quitter en s'embrassant ajoute encore à la singularité des protestations d'amitié.

La poignée de main est en effet contemporaine de l'*anglomanie*, et postérieure à 1830. Le théâtre nous a gardé la tradition de l'embrassade entre hommes, et peut-être, dans l'usage d'autrefois comme dans celui du théâtre d'aujourd'hui, les lèvres n'y prenaient-elles pas part et le mot gardait-il son sens propre.

Ces marques extérieures ne renforçaient-elles pas l'amitié, et celle-ci n'a-t-elle pas diminué avec la suppression des cérémonies du culte qu'on lui rendait?

Je me demande avec inquiétude si nos lycéens modernes éprouvent ces élans du cœur vers leurs amis; s'ils fondent aussi leurs amitiés sur l'estime; s'ils cherchent autant dans leurs amis l'élévation du caractère et celle de l'intelligence....

Leurs amis!.. Hélas! la camaraderie n'a-t-elle pas tué la vraie amitié? En se disséminant, n'a-t-elle pas perdu de sa force? Ce tutoiement qui règne à tous les degrés d'affection, et qui en a rendu la forme si banale, n'en a-t-il pas diminué le fond, en le nivelant?

Appliquer le nom d'ami à d'insignifiantes relations, n'est-ce pas perdre le sens exact du mot, et en sent-on encore toute la valeur?

Peut-être la génération intermédiaire entre celle de nos pères et celle de nos fils a-t-elle aimé avec moins d'emphase dans les termes que sa devancière, et avec plus de passion dans le fond que la génération actuelle. Mais non, j'espère que je me trompe, et qu'un long murmure de protestations s'élèvera de tous nos lycées!

J'avoue bien franchement que ce qui me touche le plus dans ces lettres, c'est d'y sentir l'influence d'Émile Bary sur ses amis. C'est de comprendre la valeur et la sagesse de ses conseils par l'empressement mis à les suivre, le prix attaché à son amitié par la crainte, si souvent exprimée, de la perdre, et enfin d'y retrouver, par-dessus son esprit et son cœur, « ce je ne sais quoi » dont parle Bréville, et qui, jusqu'à la fin de ses jours, a fait le bonheur des siens.

A Monsieur
Monsieur Émile Bary, à Paris.

Ce 9 février 1812.

Mon cher ami.

C'est à mon tour de commencer la correspondance, puisque tu l'as commencée tant de fois. Je me porte bien, et je crois que demain je cesserai d'être au régime. Je suis très inquiet de ma place; je te prie de me l'écrire, au plus tôt, ainsi que les noms des dix premiers. Comme j'ignore si tu es sorti ou non, je vais écrire un petit billet à ton respectable père, pour que, si tu n'es pas chez toi, il t'envoie cette lettre au lycée. Souviens-toi toujours que je suis ton ami, et que, malgré les efforts de Walkenaer, l'estime que j'ai pour toi t'a acquis mon amitié, et qu'elle durera probablement toujours, car j'oserais assurer que tu seras toujours estimable; tu t'es rendu digne de mon amitié, je tâche de me rendre digne de la tienne. Pardonne-moi, si je t'ouvre si librement mon cœur, et pense que ce qui a donné lieu à cette franchise, c'est que je crois que tu sais depuis longtemps ce que je pense sans que je te l'aie dit, et que je suis persuadé que tu réponds à mon amitié.

Adieu, mon cher ami, présente mes repects à Monsieur Belin, si tu es resté au lycée.

Ton ami,

S. DE MONTALIVET[1].

1. Les deux correspondants avaient alors treize ans et étaient en quatrième au lycée Napoléon.

Simon de Montalivet, né à Paris le 3 mars 1799. Entré à l'École polytechnique en 1816, il sortit de l'École d'application de Metz lieutenant du génie. Il fut envoyé sur sa demande à l'armée d'Espagne, et mourut, en arrivant à Girone, d'une fièvre pernicieuse, le 12 octobre 1825. Il était le frère aîné du comte Camille de Montalivet, qui lui succéda à la pairie (Simon de Montalivet n'avait pas

A Monsieur
Monsieur Émile Bary.

Dijon, ce 11 octobre 1816.

Oui, j'en suis sûr, mon cher Bary, tu m'aimes assez pour être furieux contre moi ; je me peins ta colère, j'entends tes reproches ; tu as bien raison : je n'ai pas mérité l'indifférence.

J'ai été fort peu à la chasse, je n'ai tiré que deux coups de fusil et ils n'ont rien tué, je me suis rarement promené hors du jardin et d'un bois qui commence à cinquante pas de la cour du château, je n'ai point nagé, je n'ai pas été à la pêche, je n'ai pas ouvert un livre pour travailler ni même pour lire ; mais j'ai respiré l'air libre, je me suis couché, je me suis levé à l'heure que j'ai voulu, j'ai mangé deux fois par jour en famille ; le repos et la paresse m'ont fait goûter tous leurs charmes, qui sont délicieux, je t'assure ; et tout cela au milieu de tout ce que j'ai de plus cher au monde. J'ai tort d'appeler repos et paresse le je ne sais quoi qui est venu mettre le comble à ce contentement habituel, que déjà je possédais au lycée.

siégé parce qu'il n'avait pas vingt-cinq ans) et fut ministre sous le roi Louis-Philippe. — En 1812, au concours général, Émile Bary avait le troisième accessit de thème latin et le premier accessit de version grecque. Simon de Montalivet avait le troisième accessit de version grecque.

Tu me félicites de vivre entouré de ma famille et de mon ami; mais ce mot de famille est bien vague; il y a bien des manières de composer une famille. Félicite-moi, mon ami, d'avoir un père comme celui que j'ai; c'est là le meilleur de mes amis, celui que j'aime le plus passionnément, celui que je retrouverai toujours et celui qui sera toujours le confident de tous mes secrets.

Tu sais que je tenais à me faire examiner[1] par Monsieur Dinet. La ville la plus rapprochée de nous où il ait examiné est Dijon; mon père m'y a conduit, quoiqu'il relevât d'un accès de goutte et n'eût quitté les béquilles que depuis un seul jour; mais, deux postes avant Dijon, des douleurs atroces l'ont pris; nous ne sommes arrivés qu'avec peine, et aussitôt arrivé on a été obligé de descendre mon père de voiture et de le transporter dans son lit. Il y est encore au moment où je t'écris; c'est là, mon ami, ce qui trouble mon bonheur; ce bon père, dans les moments où cette douleur horrible, semblable à celle d'un homme auquel on scierait continuellement la jambe, lui porte le sang à la tête et lui exalte l'imagination, parle haut comme font souvent les malades, et c'est presque toujours pour prier Dieu de préserver ses enfants de la goutte.

1. Il se présentait à l'École polytechnique.

J'ai été obligé, à son regret, de passer, sans qu'il y assistât, mes examens de français, de latin, de dessin et de mathématiques. Tu sais que je ne suis pas fort en dessin; ainsi de ce côté je serai noté comme médiocre, mais comme en sachant cependant assez pour entrer à l'École; quant au latin, au français et aux mathématiques, M. Dinet a dit à mon père qu'il était très content. Mon examen de mathématiques a duré deux heures; au nombre des personnes qui y assistaient, était M. le Recteur de l'académie de Dijon; il m'a donné plusieurs signes d'approbation. J'ai répondu à toutes les questions qui m'ont été faites et j'ai résolu un problème de géométrie analytique. D'après ce que M. Dinet a dit à mon père, les paroles flatteuses dont il s'est servi pour exprimer sa surprise de l'ordre qui paraissait dans mes idées, quoique j'eusse appris tout le cours en un an, me donnent la ferme assurance que je serai reçu à l'École. Je ne mérite pas sans doute tous les éloges que me donne M. Dinet; mais, dans cette affaire, son opinion est décisive. Je vais donc être enfermé pendant deux ans dans le sanctuaire des sciences, ne sortant peut-être que très rarement, et toujours obligé de rentrer de bonne heure. Ainsi, plus de ces charmantes soirées chez Poirson; tes colères et tes amitiés ne rempliront plus nos soirées, après le travail du jour; Poirson ne cherchera plus à nous calmer par son flegme d'un vieillard de vingt ans; je ne verrai plus Alfred[1] éteindre sa chandelle, et je ne jouirai plus de la noblesse de ton âme en voyant le plaisir si désintéressé que te donne mon amitié pour un autre; non, sans doute, je ne serai pas le seul à les regretter, ces charmantes soirées! J'en suis sûr, tu oublies tous les instants d'ennui que t'a causés la dissemblance de nos caractères. Tu ne veux te souvenir que des jours où tu me reconduisais jusque dans mon dortoir. Et comment n'en serais-je pas sûr? Ne vas-tu pas dans ta lettre jusqu'à me dire que tu regrettes d'avoir négligé tant d'occasions de me voir au lycée? Ingrat que je suis! c'est après une telle lettre que j'ai gardé un si long silence! Tu me dis que tu te sens le besoin de m'entretenir, et je me tais! Mais tu m'accordes mon pardon; ne revenons plus sur le passé; parlons plutôt de l'avenir, et disons-nous bien que nous ne négligerons aucune occasion de nous réunir.

Je viens de quitter un instant la plume pour lire une lettre que Poirson m'écrit. Je crains bien que vous ne me voyiez l'un et l'autre, tantôt meilleur, tantôt pire que je ne suis, et jamais tel que je suis réellement.

J'achèverai de répondre à ta lettre en te di-

---

1. Alfred de Wailly.

sant que les éloges dont elle est remplie sont d'un ami un peu aveuglé. Mais, mon pauvre Bary, tu fais tout avec un emportement qu'on appellerait passion, s'il ne t'était pas habituel. Ainsi je serais fâché que tu me parlasses plus sensément.

Adieu; sois encore mon ami, car je suis encore le tien.

S. DE MONTALIVET.

Novembre 1817.

L'autre jour, mon cher Bary, en tirant de vieux papiers qui étaient restés dans mes poches, je reconnais ton écriture. C'est une lettre. Je la prends avec empressement pour la relire avec délices. Je veux l'ouvrir: quel est mon étonnement, quand je la vois encore cachetée! C'était ta lettre du 30 octobre, que je n'avais pas encore lue; il faut que ma sœur ou mon petit frère, au lieu de me donner tout bonnement cette lettre, aient trouvé plus drôle de me la mettre dans ma poche, sans que je m'en aperçusse, car, certes, en reconnaissant à son adresse qu'elle était de toi, je l'aurais ouverte sur-le-champ.

Quoi qu'il en soit, *vaut* mieux tard que jamais, et je vais t'y répondre.

Pauvre ami ! tu te reproches de ne pas m'écrire : quels doivent être mes remords ! Mais ma paresse n'empêche pas que ton absence ne me fasse sentir mieux que jamais combien je t'aime. Quel besoin je me sens quelquefois de causer avec toi ! Je te vois avec tes imperfections ; mais elles-mêmes ont quelque chose d'attrayant pour moi ; oui, mon amitié pour toi a tout l'attrait d'une faiblesse.

Je t'avais bien dit que tu prendrais goût aux mathématiques ; je suis ravi de ne pas m'être trompé et je suis persuadé que c'est ce qui pouvait t'arriver de plus heureux.

Oui, nous causerons de mathématiques, d'autre chose, de tout, avec charme. Oui, s'il plaît à Dieu, tu seras mon *conscript* l'année prochaine. Je crois que tu te trompes quand tu dis que l'habitude de cultiver les lettres te nuit pour les mathématiques ; quand on exerce son esprit, de quelque manière que ce soit, on en fait un instrument propre aux travaux les plus divers. C'est d'ailleurs un grand avantage, même pour un mathématicien, de savoir parler sa langue ; mais se laisser séduire par les mots et ne voir qu'eux, ce qui arrive le plus souvent sans qu'on se l'avoue, est également nuisible au mathématicien et à l'homme de lettres. Toutes ces raisons me font croire que tu apprendras mieux les mathématiques que si tu n'avais pas fait ta

rhétorique, et que, réciproquement, si tu recom·
mençais ta rhétorique l'année prochaine, tu aurais bien plus de méthode, d'aplomb, tu serais
bien plus réellement fort qu'auparavant.

Poirson et toi vous vous disputez sur la primauté des sciences et des lettres. Tu veux connaître mon opinion? Je ferai d'abord, selon
l'usage, mes excuses d'incapacité, en disant à
Poirson : *Non licet inter vos tantas componere
lites*, et à Bary : *Je ne pourrai trouver l'équation
de ce problème*. Je te dirai ensuite ce que j'en
pense. Je commencerai par vous demander si
avant de commencer la discussion vous avez bien
défini la primauté et le genre de primauté dont
vous parliez. Et quand vous l'auriez définie, les
sciences et les lettres sont d'une nature tellement
différente, qu'on ne peut pas établir de comparaison. Les unes ne sont que par elles-mêmes,
les autres ne servent qu'à habiller les idées
qu'elles empruntent aux individus. Les premières
font toujours des progrès depuis leur naissance,
et ne peuvent qu'en faire de nouveaux ; les secondes sont sujettes aux vicissitudes de l'esprit humain ; les unes et les autres conduisent
à la science du bien et du mal. On ne peut pas
non plus les comparer pour l'utilité, puisque
toutes les deux sont d'une utilité première.

Le grand mathématicien et le *vir probus ac di-
cendi peritus*, doivent être chers à l'humanité.

D'un trait de plume, Montesquieu force les despotes de l'Europe à changer leurs lois ; mais Franklin arrête le tonnerre. Ne crois pas que je sois moins enthousiaste que toi des mathématiques ; ce sont elles qui font triompher les armées, et qui, après la victoire, les immortalisent par des monuments que le temps ne peut atteindre. Ce sont elles qui ont bâti depuis les pyramides d'Égypte jusqu'à la colonne qui domine Paris ; elles qui détournent de leur cours ou resserrent dans leur lit les fleuves impétueux ; elles qui protègent l'espoir du laboureur ; elles qui ont conquis sur l'Océan la Hollande tout entière et mille autres provinces ; elles qui guident l'homme sur les mers orageuses ; elles, enfin, qui suivent les astres dans leur cours et mesurent leurs orbites gigantesques. Que nos poètes illustres n'aient pas existé, voilà bien des jouissances de moins ! mais qu'on nous ôte nos génies mathématiques : vois ces champs dévastés, ces vaisseaux naufragés, ces royaumes engloutis !...

Si l'homme pouvait tout voir avec la précision des mathématiques, ce serait un Dieu.

Il n'y a de vraiment utile dans les lettres que l'éloquence, et surtout l'éloquence politique, qui ne s'apprend pas sur les bancs ; aucune étude n'est, ce me semble, plus propre à s'allier avec elle que celle des sciences exactes ; mais la

Providence n'a pas encore voulu qu'un mortel fût assez heureux pour exceller à la fois dans l'une et dans l'autre science.

Adieu, mon cher Bary ; il est trois heures et demie du matin ; je ne puis m'arracher à ta conversation ; il faut cependant que je dorme un peu.

Promets une lettre par le prochain courrier à Poirson et à mes frères.

S. DE MONTALIVET.

P.-S. — Explique-moi donc si tu es interne ou externe.

Monsieur, Monsieur Émile Bary, chez Monsieur Corne, receveur particulier des finances à Saint-Pol, — département du Pas-de-Calais.

25 août 1815.

En rentrant ce matin au lycée, que j'ai quitté depuis dix jours, j'ai trouvé ton aimable lettre, mon cher Bary.... J'allais pour terminer mes affaires avec les cuistres. Mais tes jolies descriptions, ces images de la nature que tu présentes avec tant de grâce, l'idée de parcourir avec toi ces riantes campagnes, et bien plus encore le souvenir de notre amitié, m'ont plongé dans une rêverie si douce et si agréable, que, laissant là MM. Dumas et de Wailly, et remettant les affaires à demain, je me suis promptement échappé du lycée, dont le séjour, l'aspect même, me semblaient insupportables.

Je me suis rendu aux Tuileries, et j'ai été m'asseoir, à l'ombre, sur ce même banc où jadis nous avons respiré avec tant de plaisir l'air de la liberté. La situation n'était plus la même. Je n'avais plus avec moi Bary et La Rochefoucauld. La liberté dont je jouissais n'était déjà plus nouvelle, et elle n'avait pas surtout les charmes de celle que nous avions dérobée à nos tyrans.

Mais je relisais ta lettre ; je respirais la fraîcheur du matin ; j'entendais les tourterelles roucouler leurs amours ; je les voyais voltiger au-dessus de ma tête, et, enfin, je pensais à toi ! Et j'ai passé ainsi deux heures délicieuses.

Il me semblait te voir parcourir les sites pittoresques que tu me décris ; je me transportais en idée auprès de toi ; j'oubliais entièrement Paris. J'éprouvais ce ravissement qui t'a dicté ta lettre. Je ne sais si c'est de Dieu ou de toi que je tiens cet amour que la nature champêtre m'inspire. Je me dis aussi que c'est Dieu qui l'a mis dans mon cœur, pour m'en faire goûter tous les plaisirs avec l'ami dont l'âme est si bien faite pour les sentir vivement.

Pendant que tu contemplais le spectacle de la nature, j'ai vu tout ce que l'art a de plus parfait : j'ai vu le sublime Talma jouer *Néron* dans *Britannicus*, Mlle Georges *Agrippine*, Saint-Prix *Burrhus*, Mlle Bourgoin *Junie*, etc. J'étais en extase ; j'admirais de toutes mes forces ; mon illusion était complète. Je croyais avoir sous les yeux Néron et Agrippine, et rien ne m'a mieux fait sentir le talent de ces inimitables acteurs que cette illusion même.

Je n'ai pas mérité ce reproche que fait Rousseau aux Français, de ne voir jamais que l'acteur, et non pas le personnage qu'il représente. A la fin de la pièce, je me disais tout étonné : ce n'est pas *Néron*, mais Talma ; ce n'est pas *Agrippine*, mais Mlle Georges! Et je bénissais alors le sort heureux du Parisien, qui, pour cinquante sols, jouit de tout ce que l'homme a fait de plus sublime.

En quittant Paris pour aller à Doullens servir de secrétaire à mon frère, je n'y regretterai que deux choses : le spectacle et la musique ; mais je les regretterai beaucoup, la dernière surtout.

Je ne me mêle plus de politique et je crois qu'il n'y a pas de nouvelles. J'ai seulement lu au coin des rues un joli petit avis de M. Muffling[1] aux bons Parisiens, pour les prévenir que

---

1. Général prussien ; il fut nommé gouverneur de Paris

les soldats prussiens ont ordre de les fusiller sans forme de procès, s'ils se moquent des sentinelles et s'ils s'arrêtent devant un corps de garde. Tu trouveras sans doute comme moi que c'est admirable[1]!

La soirée d'hier a encore été un sujet de triomphe pour les alliés. Ils ont pu jouir à leur aise du triste état où ils mettent le Roi. Point de préparatifs pour sa fête, point de feu d'artifice; seulement quelques lampions dans les Tuileries, pour éclairer le peuple immense qui s'y trouvait. A neuf heures, il y a eu un concert dans la galerie du château, qui est du côté de l'eau, et à neuf heures un quart le Roi est venu au balcon, où il est resté quelques minutes. Voilà toute la Saint-Louis. Une foule prodigieuse, qui remplissait le jardin, a semblé vouloir témoigner au Roi par ses cris, que cette simplicité ne faisait qu'augmenter encore son amour.

Quand j'irai te voir à Saint-Pol, je tâcherai de faire provision de nouvelles politiques. Mais pour l'instant je suis absolument à sec et au dépourvu.

---

par les alliés après Waterloo, et, dans cette charge, qu'il occupa cinq mois, se rendit célèbre par sa dureté et ses insatiables exigences.

1. M. Decazes, préfet de police, eut le courage de faire arracher ces affiches.

Adieu. Je finis de t'écrire. Bientôt j'aurai le plaisir de te parler, ce qui vaudra bien mieux. Adieu encore une fois. Je t'embrasse et t'aime de tout mon cœur.

CAMILLE DE BRÉVILLE.

Monsieur Émile Bary, rue des Saints-Pères, 52. Paris.

Doullens, le 18 octobre 1815.

Que le diable emporte mille fois ces Prussiens, ces barbares! Je suis dans une telle fureur contre eux, que je suis tenté de prendre un sac, un fusil, une giberne, et d'en exterminer quelques-uns! Ces brigands-là ne viennent-ils pas de frapper le pauvre arrondissement de mon frère[1] d'une réquisition de guerre ruineuse, et de nous forcer à passer deux nuits de suite pour donner l'ordre à ces bons Picards de se priver de tout pour en faire cadeau à ces gredins-là[2]!

Quelle douleur! quelle humiliation pour un

1. Son frère était sous-préfet de Doullens.
2. Après Waterloo, les alliés, et particulièrement les Prussiens, se répandirent dans toute la France du nord, jusqu'en Bretagne, et pendant cinq mois y vécurent comme en pays ennemi, bien que les hostilités fussent absolument terminées.

cœur français! Comme le mien était triste en dépouillant mes compatriotes, pour exécuter les ordres de leurs plus cruels ennemis. Mais on est dans la triste nécessité de faire du mal pour en éviter un plus grand encore. Ma haine pour eux est si forte, que c'est là maintenant ma pensée dominante. Aussi est-ce par là que j'ai commencé ma lettre....

CAMILLE DE BRÉVILLE.

Monsieur Émile Bary, élève au lycée Henri IV, derrière le Panthéon.

1er novembre 1815.

. . . .

.....Après t'avoir donné toutes les raisons qui me portent à suivre tes conseils et à retourner au lycée, je t'ai dit tous les liens d'affection qui m'attachent à mon frère et me retiennent près de lui. En outre la fortune me force encore à rester à Doullens; au lycée, il faudrait payer une lourde pension.

Loin d'être à charge à mon frère de ce côté-là, je lui suis utile ici. Cet argument est d'autant plus irrésistible que je vais avoir une place de douze cents francs, qui ne m'empêchera pas de servir de secrétaire à mon frère, et ne me don-

nera d'autre peine que celle d'aller me promener quelquefois à cheval dans les campagnes
voisines. Ainsi, loin d'être un fardeau pour ma
famille, je contribuerai à sa prospérité. J'ai toujours eu depuis deux ou trois ans, quoique je
fusse très jeune, ce vif désir, et c'était le motif
qui me poussait à quitter la France et à chercher fortune dans le nouveau monde.

Tu conçois, qu'après avoir fait des efforts
constants pendant plusieurs années pour débar-
rasser ma famille de ma personne, je n'irai pas
aujourd'hui, de gaieté de cœur, retomber sur
elle, au moment où je deviens vraiment pour
elle *un petit trésor*.

Cependant cette considération ne m'empêcherait pas de voir avec peine mon séjour à Doullens, si je croyais qu'il dût être aussi nuisible à
mon instruction que tu sembles le penser. Sans
être au lycée, je puis lire de bons ouvrages,
écrire des narrations et des discours, si tu veux
tenir la promesse que tu m'as faite de m'envoyer des matières à traiter. Je saurai moins de
latin ; mais, d'autre part, je gagne beaucoup sous
le rapport du caractère et du jugement à vivre
avec mon frère. J'apprends à connaître les
hommes ; je m'instruis en administration, et, en
voyant la manière d'agir de mon frère avec tout
le monde, je vois celle que je devrai avoir un
jour.

Adieu. Tu sais que j'ai juré de n'avoir jamais d'autre ami que toi. Je tiendrai mon serment, pour bien des raisons que je ne veux pas dire, de peur d'effaroucher ta modestie. Je te prie en grâce de faire le même serment et de me le répéter souvent; car je suis bien heureux quand je pense que tu veux bien m'aimer un peu. Adieu encore une fois. Envoie-moi des matières de discours français.

CAMILLE DE BRÉVILLE.

P.-S. — Mon frère vient de recevoir la triste nouvelle que dix-sept cents Anglais nous arrivent après-demain à Doullens, et qu'ils y resteront. Tu juges de notre peine. On m'appelle et je cours travailler.

A Monsieur Émile Bary.

Doullens, le 13 décembre 1815.

Mon cher et bon ami, nos cœurs n'ont pas cessé de s'entendre. Ces liens si doux qui nous attachent sont toujours aussi fortement serrés ; tes craintes sont vaines. Puisque tu peux bien me conserver une amitié aussi vive, puisque tu m'en donnes des marques si touchantes par ton intérêt sincère, je serais le plus ingrat des hommes si mes sentiments pour toi pouvaient s'altérer.

Tu peux m'aimer, Bary, autant que tu voudras. Jamais, je te le jure, tu ne me surpasseras. Jamais, surtout, les preuves d'amitié que tu me donneras ne seront reçues sans une douce reconnaissance, sans se graver pour toujours au fond de mon âme. Je t'en supplie, ne fais pas l'injure à notre amitié de trouver celle qui règne entre les autres préférable à la nôtre! Sans doute tu trouveras partout ailleurs des amis, dont les qualités de l'esprit surpasseront celles de Camille; mais, j'ose le dire, tu n'en trouveras jamais qui sache mieux t'estimer et t'aimer, comme tu mérites de l'être, qui sache mieux que lui sentir tout le charme de sa liaison avec toi.... Songe à cette douce confiance qui a toujours régné entre nous; à cette intimité si grande que, quand nous avions le bonheur d'être réunis, la pensée de l'un était sur-le-champ soumise à l'autre; à cet heureux temps où, quoique toujours ensemble, nous avions un plaisir toujours nouveau à nous voir. Rappelle-toi seulement une charmante promenade aux Tuileries, que nous fîmes à la dérobée, en nous sauvant d'avec les cuistres et la canaille lycéenne. Elle fut si piquante, non pas parce que nous dérobions l'air de la liberté, mais parce que nous le respirions ensemble; parce que nos âmes confondues se communiquaient à l'instant toutes leurs sensations de plaisir. Cette promenade est un des instants où j'ai le mieux ressenti toute la douceur et la vivacité de notre amitié. Rappelle-toi ces détails, et dis-toi que si j'ai tardé à répondre à ton avant-dernière lettre, si bien faite pour émouvoir mon cœur, ce n'est pas par insensibilité.

Je suis pour t'écrire comme Saint-Preux pour lire les lettres de sa Julie. Je veux être à mon aise. Je veux n'être pas distrait; et plusieurs fois, quand j'ai pris la plume pour t'écrire, des milliers de brigands allemands et anglais arrivaient et me forçaient à travailler avec mon frère pour les faire loger et nourrir. A peine avais-je lu cette avant-dernière lettre si aimable, que quelques brutaux Belges sont venus m'arracher à mes pensées, en annonçant six mille de leurs camarades, encore plus brutaux qu'eux.

Depuis ce temps, je n'ai pu m'entretenir comme je le veux avec toi. Mais, en revanche, combien de fois ai-je lu et relu tes lettres! Elles ont fait sur moi un effet qu'il m'est impossible de te dépeindre.

Elles m'ont causé tout à la fois des émotions de joie et de tristesse, des incertitudes, des résolutions subites, que j'abandonnais un instant après.... Elles m'ont donné, et surtout la dernière, une matière à réflexions bien importantes :

je pense comme toi que je végète à Doullens,
que j'y perds un temps précieux, que j'y fais
beaucoup de riens, et, quoique je ne m'y ennuie jamais, il est très vrai que je suis mécontent de l'emploi que je fais de tous mes moments, parce qu'ils ne me profitent point pour
mon instruction.

J'ai dix-sept ans moins quatre mois, et je ne
sais rien! cela me désespère....

Malgré mon attachement à mon frère, qui me
porte à rester près de lui pour l'aider à ses travaux administratifs, à lui tenir une compagnie
qui, dans un pays comme celui-ci, est presque
nécessaire, je suis décidé à faire mon possible
pour retourner près de toi, m'efforcer de réparer le temps perdu et d'acquérir une partie de
ce qui me manque.

Cependant, ce projet est difficile à exécuter :
d'abord, j'aurai de la peine à me séparer de
mon frère, et même à me résoudre à lui en parler; ensuite, il faut qu'il obtienne pour moi une
place à Paris, telle que je puisse la remplir en
me logeant dans le quartier du lycée, afin d'y
aller travailler avec toi.

La première difficulté est très grande pour
moi. Je ne pourrai jamais lui demander à le
quitter! Je craindrais, en lui expliquant mes
motifs, d'avoir l'air d'un ingrat. Cette crainte
m'empêcherait de les développer.

C'est à toi, mon cher Bary, que j'ai recours pour cela. Écris à mon frère, comme si je ne t'en avais pas prié; mais seulement comme étant poussé à cette démarche par ton amitié pour moi. Mets-lui sous les yeux mon âge, mon ignorance, la nécessité pressante de réparer le temps déjà perdu à Coutances et celui que je perds à Doullens. Dis-lui qu'avec une place telle que celle que je devais avoir, il y a quatre mois, au ministère de la justice, je pourrais suivre les cours de français, d'anglais, de version, peut-être de philosophie. Je serais à même d'acquérir chaque jour des connaissances en littérature.

Lorsque mon frère aura reçu cette lettre, je l'appuierai de mes raisons et je le prierai de s'occuper dans son séjour à Paris de me procurer cette place.

Je désirerais comme toi retourner comme pensionnaire au lycée; mais c'est impossible pour plusieurs raisons. Faisons donc nos efforts pour réussir d'une autre manière. Je le souhaite vivement, quoique je ne fasse pas sans peine le sacrifice de tous les agréments de ma vie paisible et douce, et surtout, surtout, de la société du meilleur des frères. Mais je veux, à quelque prix que ce soit, me rendre digne de ton amitié, me rendre capable de remplir une place, et n'avoir plus à rougir de mon ignorance.

Je te félicite, mon cher Bary, de ton amour pour le travail et des succès que tu obtiens. Je m'attendais à te voir trouver dans Alfred de Wailly un rival dangereux ; mais, avec la noble émulation qui t'anime, tu le vaincras, ainsi que Gibon.

Adieu, bon et cher ami. Je t'ai voué une amitié tendre et sincère pour la vie. Je sens qu'elle est plus nécessaire que jamais à mon bonheur.

CAMILLE DE BRÉVILLE.

Monsieur, Monsieur Émile Bary, élève au lycée Henri IV, Paris.

Doullens, 23 décembre 1815.

Tes lettres, mon ami, me font une impression vive et profonde. Je vois dans chaque phrase, dans chaque mot, un sentiment d'amitié, exprimé avec cette grâce, cette douce vivacité, qui en double le prix ; ou un bon conseil, un avis, qui ne peut partir que d'un jugement solide.

Je les relis toujours bien des fois. Ce n'est qu'à la seconde ou même à la troisième lecture, que je sens bien ce que tu me dis, que je savoure bien le plaisir que d'abord j'éprouve vivement, mais confusément. Tous mes vœux du côté de l'amitié sont exaucés : je trouve en toi tout ce qu'un ami peut désirer ; aussi, estime et affection pour la vie, voilà les sentiments que je t'ai voués : voilà ma devise.

J'ai besoin de penser souvent à ton bon cœur, à ton esprit vrai et juste, pour ne pas dire, en voyant la dureté et la fausseté de ceux qui m'entourent, que tous les hommes sont cruels et perfides. Que tu es heureux, mon bon ami, de vivre avec des jeunes gens qui n'ont point cette habitude de la dissimulation, qui, s'ils ont des défauts, ne les cachent pas sous des apparences trompeuses de vertu !

Je n'ai aucun mérite à ne laisser usurper par personne le trône que tu occupes dans mon cœur. Mais toi, quelle reconnaissance ne te dois-je pas, si, sans cesse entouré de gens qui valent mieux que moi, tu me conserves toujours la préférence sur eux !

Tu as raison de ne pas vouloir écrire à mon frère. J'ai pensé comme toi un quart d'heure après que ma lettre a été partie. Oui, je ne dois pas user de détours avec lui ; ce serait une ingratitude. J'aborderai donc la question sans crainte, et lui exposerai ma manière de penser.

Adieu. Pense souvent à moi, et dis-toi que personne ne t'aime plus que ton fidèle

CAMILLE DE BRÉVILLE.

*Monsieur, Monsieur Émile Bary, élève du lycée
Henri IV, place Sainte-Geneviève, Paris.*

Doullens, le 16 mars 1816.

Quel excellent et parfait ami j'ai en toi, cher Bary! Quelle indulgence! quelle bonté tu me montres sans cesse! Je t'en remercie de toute mon âme. Tu ne saurais croire quel doux effet font sur moi tes lettres, toujours si pleines de sentiment et de raison. Vraiment, si j'ai quelque inquiétude sur notre amitié, c'est de n'être pas digne de toi. Ce qui me rassure, c'est que tu désires surtout de moi un attachement véritable, et je sens que tu n'auras jamais à te plaindre de moi sous ce rapport.

Oui, mon cher Bary, je pense trop souvent et avec trop de plaisir à toi, je t'ai voué une confiance trop illimitée, je trouve trop de charme à notre amitié, pour que je ne m'efforce pas, dans tout le cours de ma vie, de te prouver que je t'aime et que je t'aimerai toujours.

Il me semble qu'il n'y a que toi au monde qui connaisses bien toutes les douceurs et toutes les délicatesses d'une sincère amitié, et peut-être parce que je n'aime que toi, il me semble qu'il n'y a que toi avec qui l'on puisse bien aimer.

J'avais pour toi une véritable vocation, et je me rappelle que la première fois que je te vis tu me plus tellement, que je témoignai tout de suite à celui avec qui je causais le désir de me lier avec toi. J'ai tout de suite apprécié en toi ce certain je ne sais quoi qui, en amitié et en amour sans doute, est si précieux.

Depuis que j'ai reçu, lu et relu ta dernière lettre, je suis encore plus pénétré d'amitié pour toi. Aussi je soupire plus que jamais après notre réunion. Je ferais les plus grands sacrifices pour l'opérer. Je te jure que j'abandonnerais sans regret tous les plaisirs pour le bonheur de vivre sous le même toit.

Tu me recommandes dans ta lettre de te parler de ce qui m'occupe.

J'ai éprouvé des contrariétés bien vives : tu le concevras facilement, puisqu'il ne s'agit pas moins que d'une dénonciation, portée contre moi[1]. Oui, mon cher Bary, j'ai été dénoncé comme ayant des liaisons avec les bonapartistes! Le préfet a écrit à mon frère, qui lui a répondu de la bonne manière. — Qui aurait cru, il y a huit mois, lorsque, sous le règne de Bonaparte, je plaidais si franchement et si ouvertement la cause des Bourbons, que je serais dénoncé comme n'étant pas attaché à cette cause?

Combien ceux des élèves, contre lesquels je

1. Quoiqu'il eût à peine dix-sept ans, l'accusation pouvait avoir des suites sérieuses : on était alors au moment le plus violent de la *terreur blanche*.

disputais et qui m'appelaient *le grand royaliste*, riraient à mes dépens, s'ils savaient que je suis inquiété pour mes opinions, sous ce gouvernement, dont j'ai si vivement souhaité le retour !

Tu comprendras, mon bon ami, toi qui connais mon âme, combien j'ai été indigné. Que de fois j'ai envoyé au diable ces jacobins blancs, ces gredins, dont la folie, ou plutôt l'imbécillité, abreuve de dégoûts les bons et sages administrateurs et les vrais amis du Roi, et repousse ceux qui, après quelques jours d'erreur, veulent franchement se rallier à la bonne cause. Si le gouvernement ne leur impose pas silence, il perdra bientôt l'amour des Français. Moi-même, malgré mon amour pour le Roi, je commence à avoir de l'éloignement pour un parti où il se trouve de si vilains animaux. Tout cela me donne des goûts d'indépendance, et mes idées se portent maintenant vers le commerce.

Adieu, mon cher Bary.

CAMILLE DE BRÉVILLE.

Je vais aller chez M. X... jusqu'à minuit ; puis je rentrerai me coucher, pour m'endormir en pensant à toi. Je te promets que ma première pensée demain, à mon réveil, sera un sentiment d'amitié pour toi. Je t'embrasse comme je t'aime, de tout mon cœur.

*Monsieur, Monsieur Émile Bary, élève du lycée
Henri IV, derrière le Panthéon, Paris.*

Doullens, le 22 avril 1816.

C'est en sortant d'un corps de garde, où je venais d'entendre les propos les plus grossiers et les plus sales après avoir monté une faction ; c'est revêtu d'un habit à revers rouges, accoutré d'un long sabre, d'une giberne et d'un chapeau surmonté d'un long pompon rouge, que j'ai reçu, mon cher Bary, ton aimable et longue lettre, qui était si remplie de sentiments tendres et délicats, et de raisonnements justes et quelquefois profonds, et dont chaque mot formait un contraste frappant avec les discours que je venais d'entendre.

Jamais je n'ai senti plus fortement le malheur de l'absence qui met deux amis dans deux positions si continuellement différentes, et qui tend à chaque instant du jour à éloigner leurs cœurs et leurs esprits en les remplissant de sensations et d'idées qui n'ont aucun rapport entre elles.

Malgré cela, mon bon ami, ne doute pas du plaisir extrême que m'a causé ta lettre. Le moment dans lequel je l'ai reçue ne m'en a que mieux fait sentir le charme. Je l'ai lue, relue ; quand elle a été bien classée dans mon cœur, je suis retourné à mon poste, défiant tous les propos de mes acolytes. Que je fusse couché sur le lit de camp ou de faction pendant la nuit, elle a été l'objet de mes rêveries, et j'ai encore reconnu là tout le prix de ta bonne amitié, qui à quarante lieues de toi a su me rendre courts des instants qui, sans elle, m'auraient paru si longs et si pénibles.

Mais tu ne sais ce que je veux dire avec ma garde : tu sauras qu'une garde nationale vient d'être organisée à Doullens ; que mon frère, qui a cette organisation fort à cœur, et qui veut stimuler le zèle des habitants, a voulu, pour donner l'exemple, que je fisse partie de cette garde nationale, comme simple grenadier, et c'est en cette qualité que j'ai monté la garde pendant vingt-quatre heures à la citadelle de Doullens. Ainsi ma vie se passe sans cesse en des soins entièrement inutiles à moi-même. Quelquefois ils sont utiles aux autres et au gouvernement du Roi. Sans cette consolation, je trouverais ma situation encore pire.

Mais le désir de changer d'état me tourmente de plus en plus. Je compte beaucoup sur toi, quand mon frère ira à Paris, pour que tu lui exposes fortement le mal extrême que me fait pour le reste de ma vie l'inaction complète où il me laisse croupir dans ce trou de Doullens.

Témoigne-lui mon aversion pour l'administration, et mon goût pour le commerce. Mais j'ai besoin de te fournir des arguments pour que tu sois un bon avocat, et d'abord de renverser les objections puissantes et souvent justes que tu me fais dans ta lettre, contre le commerce.

Aujourd'hui je n'en ai pas le temps. Je t'écris en poste. Mon frère va partir pour Amiens, à cause d'une insurrection de bonapartistes, dans une des communes de son arrondissement. Adieu, mon cher et bon ami. Je t'aime de tout mon cœur. Je pense à toi. Je t'embrasse bien fort.

CAMILLE DE BRÉVILLE.

Monsieur, Monsieur Émile Bary, élève au lycée Henri IV, place Sainte-Geneviève, Paris.

Doullens, le 30 avril 1816.

Mon frère part demain 1er mai pour arriver jeudi à Paris, et il y arrivera seul ! Tu conçois, mon cher et bon ami, quelle peine cela me fait. J'irai jusqu'à Amiens, pour le conduire, et là, je le verrai partir et m'en reviendrai seul, absolument seul, passer quinze jours loin de tout ce que j'aime. Mon désir de quitter Doullens va encore s'en augmenter, et par conséquent je te prierai encore plus fort de parler vivement à mon frère pour cela.

Je crois qu'il a de la confiance en toi. Le desir de me revoir te donnera un prétexte pour lui démontrer la nécessité qu'il y a pour moi de sortir d'une si cruelle inaction, qui me rend, aujourd'hui surtout, absolument inutile à tout le monde et à moi-même. Il m'a dit qu'il te verrait sûrement, et je lui écrirai dans deux ou trois jours, en lui mettant sous les yeux tous les puissants motifs qui doivent me faire quitter cette bicoque-ci. Enfin, mon ami, tu souhaites comme moi que notre réunion s'opère. Le moment est arrivé où nous pourrons faire des efforts qui devront amener cet heureux résultat. Ne négligeons donc rien, et emportons la place de vive force.

Je suis dégoûté de la vie que je mène; elle n'est bonne qu'à faire un ignorant ou à augmenter l'ignorance et la sottise chez celui qui en était déjà muni. Je sens le vide que les intrigues laissent dans l'âme. J'en ai par-dessus les yeux[1]....

Adieu, adieu; je t'aime de toute mon âme et t'embrasse de même.

CAMILLE DE BRÉVILLE.

1. Les raisonnements et les prières d'Émile Bary furent plus tard écoutés du frère aîné de Camille de Bréville. Le jeune homme put, en octobre 1817, muni d'un modeste pécule de six cents francs, rejoindre à Paris son ami. Il demeura chez M. Bary père. Sous les auspices d'Émile Bary, il se présenta au lycée Henri IV,

Monsieur, Monsieur Émile Bary, élève du lycée Henry IV, derrière le Panthéon, Paris.

Doullens, 27 mai 1816.

Grand Dieu! cruel ami! de quelle inquiétude, de quel doute tu m'accables! Quoi, tu peux me dire que tu ne sais si tu as un ami! Ah! que ne

au cours de mathématiques spéciales, alors professé par M. Bourdon.

Comme M. Bourdon lui demandait ce qu'il savait : « Rien. — Alors, allez en élémentaire! — Impossible. Je n'ai qu'un an pour me préparer à l'École polytechnique; laissez-moi seulement suivre vos leçons. » M. Bourdon y consentit, et, l'année écoulée, de Bréville entra le dix-septième (octobre 1818) à l'École polytechnique. Il en sortit dans les premiers rangs élève de l'École des ponts et chaussées. Il devint successivement ingénieur ordinaire à Compiègne, puis à Beauvais; ingénieur en chef du canal latéral de l'Aisne, à Soissons, puis du chemin de fer de Paris à Amiens; ingénieur en chef et directeur du département de la Seine; inspecteur général; commandeur de la Légion d'honneur. Enfin il fut mis à la retraite comme directeur de l'École des ponts et chaussées.

M. de Bréville est donc monté aussi haut que l'on peut monter dans la belle carrière que son intelligence et son travail lui avaient ouverte. Il est mort pendant l'impression de ce volume, ayant gardé toute sa présence d'esprit jusqu'à l'âge de quatre-vingt-dix ans, et s'est rappelé jusqu'au dernier jour, non sans émotion, qu'il avait dû ses débuts à l'affection éclairée et dévouée d'Émile Bary, son ami de 1815.

peux-tu lire au fond de mon âme! que ne
peux-tu connaître la peine vive et profonde que
me causent tes reproches! que ne peux-tu y
voir en même temps le doux et tendre sentiment de reconnaissance que m'inspirent ton
excellente amitié, tes sages conseils, ta sollicitude pour moi! Je serais donc un ingrat! Non,
mon cher Bary, je ne suis pas fait pour l'être.
Si le séjour forcé que je fais à Doullens fait le
plus grand tort à mon esprit, il ne peut en faire
à mon cœur. Loin de vouloir fuir ces doux
épanchements qui font le charme de l'amitié,
je soupire au contraire chaque jour lorsque,
jetant les regards sur tout ce qui m'entoure,
je ne vois qu'indifférence ou méchanceté! Tu
te plains de ton isolement : Ah! ne suis-je pas
autant à plaindre que toi? Mon frère, il est vrai,
est un excellent ami, dont la tendresse est ma
plus douce consolation : mais, malgré notre confiance réciproque presque illimitée, je n'ai point
avec lui cet entier abandon qui rendait nos conversations délicieuses ; oui, mon frère lui-même,
que j'aime tant, ne peut me faire oublier ce
cher Bary, dont l'âme tendre et sensible a tellement d'analogie avec la mienne! Aussi je regarde comme une des plus grandes faveurs que
le ciel m'ait accordées celle de m'avoir donné
l'affection de celui qui mérite le plus toute la
mienne. Je le dis avec orgueil, mon âme est

faite pour la tienne, et jamais tu ne trouveras
un cœur qui sache mieux que le mien t'apprécier et t'aimer. Je te le répète avec cette sincé-
rité, cette conviction qui part du cœur : je n'aurai jamais qu'un ami; je le conserverai toute
la vie, et cet ami est mon Bary. Le feu sacré
de l'amitié que tu as allumé dans mon âme ne
s'y éteindra jamais.

Je ne pense qu'aux moments que nous pas-
serons ensemble aux vacances!

Je veux beaucoup lire d'ici là, afin que tu me
trouves la tête un peu mieux meublée. Indique-
moi ce que je dois lire. Je veux, mon bon ami,
me mettre sous ta tutelle; tu as beaucoup acquis depuis que je t'ai perdu. Moi, j'ai fait beaucoup de chemin en sens contraire. Ta bénigne
influence peut seule réparer en partie le mal.
Cette persuasion, que mon frère partage, aidera
à faire réussir un projet charmant dont nous
parlerons pendant ton séjour à Doullens. Il ne
s'agit pas moins, mon bon ami, que de passer
une partie de notre vie ensemble. Peut-être que
si, après cette année, tu quittais le lycée pour
travailler à finir ton éducation pendant un ou
deux ans, j'irais travailler avec toi et vivre avec
toi! Ce divin projet ne te charme-t-il pas comme
moi? Nous serions tout entiers l'un à l'autre,
libres et nous occupant de ce qui serait si
agréable à notre esprit et à notre cœur.

Ce projet est fort du goût de mon frère, qui a tant d'estime et d'amitié pour toi. Moi, j'en rêve nuit et jour. Nous mûrirons cela pendant les vacances. C'est alors que commenceront à être exaucés les vœux que j'adresse au ciel pour notre réunion. Il me semble qu'à partir de cette époque je serai heureux.

Adieu, mon tendre et bon ami. Ne doute jamais un instant de mes sentiments. Je t'aimerai toute ma vie. Je t'embrasse tendrement.

CAMILLE DE BRÉVILLE.

Monsieur, Monsieur Émile Bary, élève du collège royal de Henry IV.

Doullens, le 6 juillet 1816.

Il est bien vrai, cher ami, toujours injuste et cruelle pour nous, la fortune vient encore renverser les doux projets de réunion qu'elle m'avait fait concevoir. Il est maintenant plus que probable que je n'irai point à Paris et par conséquent il est plus certain que jamais que Doullens me comptera longtemps au nombre de ses habitants. J'avais bien résolu de faire tous les efforts possibles, dans le voyage que j'espérais faire, pour ne plus revenir m'enterrer ici, et si je n'avais pas réussi, c'est qu'il y aurait eu des obstacles insurmontables; mais voilà l'espoir même de ce voyage déçu, et les chaînes qui me retiennent ici me serrent plus que jamais. Il me semble cependant qu'il est temps que cela finisse. Je sens que je m'anéantis; mon âme se dessèche; mon esprit se remplit de vide, et encore quelques mois de séjour, je pourrai être placé au rang de ces êtres à charge à tout le monde et à eux-mêmes. Ce qui m'effraye le plus, ce sont les conséquences funestes que peut avoir pour le reste de ma vie la perte du temps précieux que je fais ici. Dans l'âge où les facultés se développent, où l'âme doit prendre cette énergie et cette vigueur qui font l'homme, où l'on acquiert les notions utiles pour le reste des jours, je reste dans un état d'indolence complet, et, loin que rien chez moi prenne un essor salutaire, ce que je pouvais avoir de bon s'anéantit.

Tes lettres cependant viennent me ranimer; je sens, au plaisir vif et vrai que j'ai à les lire, que je ne suis pas tout à fait perdu; les sentiments qu'elles contiennent font toujours une douce impression sur moi. En voyant que tu continues à m'aimer et m'estimer, je me persuade que sous quelques rapports j'en suis digne, et le bonheur d'avoir un ami comme toi fait une sensation vive et toujours nouvelle dans mon cœur, qui me prouve alors que je ne suis point blasé. Quelles seraient donc mes jouissances, si

je pouvais pendant quelques mois ne vivre
qu'avec toi! si, oubliant ces plaisirs faciles et
maintenant sans attrait pour moi, je pouvais pui-
ser dans le sein de l'amitié ces sentiments doux
et faciles qui sont si nécessaires à mon cœur!
Il faut absolument pour mon bonheur présent
et pour celui de mon avenir, il faut que nous
soyons réunis pendant ces vacances; tu en re-
connaîtras comme moi l'impérieuse nécessité si
tu m'aimes, comme je le crois.

Tes lettres m'ont effrayé, mais elles ne peuvent me décourager; j'ai besoin de te voir, et
pour cela il n'est rien que je ne fasse; un amant
ferait moins de sacrifices pour se trouver au premier rendez-vous d'une maîtresse adorée, que
je ne me donnerai de peines, s'il le faut, pour me
réunir à toi. Veux-tu aller au village de Boran,
près de ta mère, dont la santé se détériore?
Hé bien, j'irai aussi : je louerai une chambre
dans ce village, et, sans être à charge à personne,
je pourrai me consacrer tout entier pendant
deux mois aux plaisirs de l'amitié. Ne trouves-tu
pas comme moi ce projet raisonnable, si toutefois il t'est absolument impossible de venir ici,
ce que je désirerais vivement parce que tu con-
naîtrais ainsi toi-même les hommes et les choses
qui m'ont occupé pendant dix mois? Aie donc
un peu de courage; dis à tes parents qu'un ami
qui t'est cher fonde l'espoir de sa vie sur sa

réunion avec toi pendant les vacances ; dis-leur que toi-même tu as pris avec lui des engagements que tu ne peux rompre sans une ingratitude cruelle ; tâche enfin de leur faire sentir de quel prix il est pour nous qu'ils t'accordent un peu de liberté. Décidons enfin cette affaire. Nous voici au 6 juillet, et, dans un mois, tu dois franchir le seuil des portes de ton cloître. J'attends donc une réponse décisive à ce sujet, et jusqu'à ce que je l'aie reçue je serai dans l'anxiété.

Tu me demandais dans ton avant-dernière lettre que je consentisse à te laisser lire quelques-unes des miennes à monsieur ton père ; j'avoue, mon bon ami, que cela me contrarierait. Je t'écris comme je te parlerais ; souvent même je m'aperçois que j'y mets trop peu de soin, mais j'aime mieux cela que l'excès contraire ; monsieur ton père, qui ne peut connaître mon cœur, ne me jugerait que d'après le peu d'esprit de mon style, et je crois que j'y perdrais ; cependant, cher Bary, je m'abandonne à ta sagesse : vois ce qu'il y a de mieux à faire ; si, à force de chercher, tu trouves par hasard dans quelqu'une de mes lettres quelque passage qui puisse donner bonne opinion de moi, tu peux le lire à monsieur ton père.

Je te remercie du tendre intérêt qui te porte à me prier de te parler de ma famille, de la situation de ma mère et de mes sœurs. Je veux te répondre longuement à ce sujet, et une lettre a des bornes trop circonscrites pour cela; j'attendrai que nous soyons ensemble. A peine âgé de dix-sept ans, j'ai été déjà ballotté par la fortune; les coups les plus sensibles et dont le souvenir dure toujours m'ont frappé; et à un âge où l'on connaît ordinairement bien peu le plaisir et la douleur, j'ai tellement et si souvent été agité par leurs différentes impressions, que maintenant j'y suis devenu presque insensible et que leurs traits sont émoussés pour moi. Je suis sans doute à plaindre d'être parvenu à ce degré de philosophie; mais un peu plus tôt, un peu plus tard, il faut en venir là, et c'est alors seulement que l'on peut supporter avec quelque fermeté des coups qui déchireraient l'âme....

Dis-moi donc ce qui se passe en classe. Combien as-tu été de fois le premier? as-tu eu le prix de semestre? sur quelle composition fondes-tu le plus d'espoir? Simon est-il fort en mathématiques? Que fait Laugier? Les classes sont-elles fortes? Y aura-t-il beaucoup d'élèves qui passeront l'examen pour l'École polytechnique?

Depuis huit jours j'ai employé tous mes instants à des plaisirs sans fin. Des jeunes demoiselles et des jeunes gens de Béthune sont venus ici, et nous avons fait tous les jours des parties de campagne, ou des dîners et des soupers fort nombreux. Notre dernière partie de campagne a été charmante; elle a eu lieu dans une immense forêt, à deux lieues.

Notre point de réunion était une rotonde, formée par une charmille épaisse, qu'entouraient les flots d'un ruisseau limpide; nous nous y étions rendus par un chemin délicieux; les dames étaient en calèche et en char à bancs, et les hommes, à cheval, formaient leur cortège. Un déjeuner copieux nous attendait, et, aussitôt arrivés, nous lui avons fait honneur. Un *malin* avait caché les verres, et chacun fut forcé d'avoir sa bouteille, ce qui ne déplaisait pas à tout le monde. Nous avons joué aux barres, dansé au son d'une musique composée de tous les ménétriers des environs; dansé des rondes fort gaies; les jeunes gens étaient d'une folie extrême. Nous avons fait les plus drôles de farces; quarante bouteilles de vins excellents nous avaient un peu fait perdre la tête, et pour ma part j'ai dit bien des bêtises; mais je sais maintenant que les femmes ne s'en scandalisaient point du tout. Avant de partir, un jeune homme fort gai et moi, nous nous sommes livré un combat qui nous a bien fait rire, ainsi que les spectateurs : montés sur deux ânes, armés d'une longue perche en guise de lance, déguisés en don Quichotte, nous avons jouté comme de preux chevaliers, jusqu'à ce que l'un de nous, criant merci, consentit à voir embrasser les dames par son vainqueur.

Tu trouveras sans doute, cher ami, que ces plaisirs conviennent à de joyeux sybarites dont toute la vie est consacrée aux femmes et à la bouteille, et non à nous qui aimons à trouver du sentiment partout. Je pense bien que tu as raison; ces parties ont d'ailleurs des dangers pour moi, parce que la liberté qui y règne tend à vous gâter les manières si elles ne sont pas formées; j'en ai fait l'expérience par moi-même. Quand tu seras dans le monde, tu sauras quelle importance on attache aux formes; il n'est que trop vrai que c'est par là que l'on juge un homme, et que tel, dont le fond est détestable, est préféré à tel autre, dont l'âme honnête et droite n'a pu se plier au ton et aux usages de la société. Rousseau l'a dit : « Tout ici-bas n'est que jargon »; aussi, mon cher Bary, c'est le dégoût que tout cela m'inspire qui me fait revenir sans cesse à mon projet chéri, à notre réunion. Penses-y beaucoup, je t'en prie. Mon frère me charge de te dire qu'il te désire vivement. Adieu, cher ami. Tes lettres me font un si grand bien que je ne pourrai trop te prier de m'écrire souvent.

Ton meilleur ami,

CAMILLE DE BRÉVILLE.

Monsieur Émile Bary, rue des Saints-Pères, 5₂,
faubourg Saint-Germain, Paris.

Vitry-le-François, le 3o août 1816.

Tes deux lettres, mon meilleur ami, m'ont
apporté deux doses de tristesse contre lesquelles j'attendais à chaque courrier un remède,
mon rappel à Paris ; mais mon attente paraît
trompée et je serai peut-être tout à fait privé
du bonheur de te voir et de t'offrir les consolations de l'amitié que la position de ta mère te
rend nécessaires en ce moment. Je sens d'autant plus vivement, tendre ami, le chagrin que
te fait éprouver la maladie de ta mère, que moi-
même je suis en ce moment en proie aux inquiétudes que me cause la situation de la mienne.
La fortune seule, il est vrai, traverse ton bonheur et le mien, et nous puisons mutuellement
dans nos cœurs la force nécessaire pour lutter
contre ses caprices ; mais maman, d'une imagination facile à alarmer, s'afflige souvent et goûte
peu d'instants heureux.

Après une vie fort agitée par les tourmentes
révolutionnaires, dont mon père a été victime,
elle voudrait enfin jouir du calme et de cette
douce certitude d'une existence à l'abri de toute
agitation, que lui rendent nécessaires son âge et

son esprit fatigué par tant d'événements; mais le port semble se fermer devant elle.

Au sort de ma mère est étroitement lié celui d'une sœur dont le cœur est aussi bon que le caractère; toutes deux me portent une affection bien vive et se réunissent pour adresser au ciel des vœux ardents pour mon bonheur. J'ai en elles de tendres amies, qui n'ont d'autre défaut avec moi que celui de me flatter; maman, oubliant la dignité maternelle, se fait souvent ma sœur et me traite comme un ami; elle a en moi une confiance entière, et je lui reprocherais presque l'excès contraire à celui de ta mère.

Cependant il est bien vrai, mon ami, que cet excès est bien préférable et je sens que je serais vivement privé s'il n'existait plus. L'aménité, la manière pleine de grâce et de bonté avec laquelle j'ai vu ta mère te traiter, m'avait trompé sur son compte, et il m'avait semblé voir en elle cette tendresse expansive que tu lui désirerais. Peut-être aussi, cher ami, devrais-tu te reprocher à toi-même une partie du mal dont tu te plains, et ton esprit, accoutumé à s'occuper d'objets importants, ne devrait pas pour cela négliger ceux qui peuvent être agréables à ta mère.

Dans le monde on regarde comme un talent nécessaire celui de savoir assortir son esprit à celui de tous les individus que l'on fréquente;

combien donc n'est-il pas de ton devoir de régler le tien de telle façon qu'il s'accorde avec celui de ta mère! ce sacrifice te sera bien léger, et tu en seras bien récompensé, puisqu'il renversera cette barrière qui paraît s'élever aujourd'hui entre vous deux.

Tu vas, dis-tu, t'occuper de mathématiques, et ce travail t'éloignera de ces idées affligeantes; mais soulageras-tu ainsi ta mère de la douleur de ne trouver en toi aucune sympathie avec elle, lorsque sa triste situation physique ne lui laisse qu'à peine les consolations de l'âme? Je désirerais donc, mon bon ami, que tu laissasses ton bon cœur maîtriser ton esprit et lui faire chercher tous les moyens d'alléger le poids dont sans doute celui de ta mère est oppressé.

J'ai été indigné en lisant dans le *Moniteur* la liste des individus qui ont remporté les grands prix au concours général; le lycée est déshonoré; mes regards, qui cherchaient ton nom avec avidité, ne l'ont trouvé qu'accolé à des deuxièmes accessits, tandis que celui de Bertin[1] était honoré d'un premier prix! Je voudrais voir la distribution du lycée : tâche de me l'envoyer.

Mes journées ici sont assez bien remplies, et je suis plus content de moi qu'autrefois. Je lis beaucoup et je prends force notes. J'ai entre les

---

1. Armand Bertin, des *Débats*.

mains les *Annales de géographie et d'histoire*, par Malte-Brun, qui me donnent des notions sur tous les pays. J'ai à ma disposition la bibliothèque assez considérable d'un voisin, qui est bien l'homme le plus singulier que je connaisse; d'un esprit doux et bon, d'un caractère facile et aimable, aimant le travail par-dessus tout, il s'est livré à l'étude du grec et de l'hébreu et fait des livres sur ces deux langues, poussant l'amour de la religion au delà de toute expression, mais sans intolérance; croyant aux prophéties, s'occupant de jansénisme. Ce matin il nous annonçait l'Antechrist pour la fin du siècle. Si je suis forcé de rester ici encore quelques jours, je ferai avec lui un cours de botanique, si toutefois cela m'amuse.

Mon frère travaille beaucoup lui-même et me laisse ainsi du loisir, dont je profite pour mon instruction. J'ai des projets solides et je les exécuterai certainement si je reste Champenois.

Nous sommes bien logés maintenant, et si tu l'avais pu, tu aurais occupé une chambre agréable. Dis-moi donc encore si c'est un arrêt irrévocable, s'il faut renoncer même à un éclair de félicité. Outre le plaisir extrême d'être ensemble, je te ferais connaître des mœurs qui seraient nouvelles pour toi; les habitants de ce pays méritent d'être connus et observés, et je t'assure que cette étude est plus instructive que celle

de bien des livres. Je ne connais encore que
l'apparence, mais toujours est-il qu'elle leur
fait honneur et qu'elle annonce moins de vices
et de fausseté qu'ailleurs. Je désire pour l'honneur de l'espèce humaine que mes observations
soient justes.

Adieu, cher Bary, maintenant il est bien certain que notre amitié est pour la vie et qu'elle
ne peut plus s'augmenter; nous pourrons être
contrariés et séparés, mais notre cœur sera toujours le même, et cette douce assurance nous fera
supporter facilement les injustices de la fortune.
Adieu, je t'embrasse.

Camille de Bréville.

Monsieur Émile Bary, rue des Saints-Pères, 52.

Vitry-le-François, le 26 septembre 1816.

Vraiment, mon cher Bary, je suis effrayé de
cette ardeur si vive qui te pousse à t'ensevelir
sous les bouquins des Legendre, des Lacroix,
lorsque à peine tu as échappé aux bouquins qui,
depuis tant d'années, ont absorbé tout ton temps!
Il me semble que tu devrais laisser tous les livres
pour t'occuper, dans une douce oisiveté, à lire
dans celui de la nature, à consacrer quelques

instants à l'amitié, à goûter les jouissances du cœur, qui sont, ce me semble préférables à celles de l'esprit.

Je tremble pour moi, en te voyant devenir un savant, que tu ne veuilles aussi un savant pour ami ; et peut-être est-ce là mon motif pour t'éloigner de tes études.

Je m'empresse cependant de te dire, pour mon honneur, pour le tien même, puisque tu veux bien m'aimer toujours, que je m'efforce en Champagne de me corriger de mes paresseuses habitudes : je lis, je prends des notes ; j'ai entre les mains les *Leçons de littérature* qui, pendant nos récréations lycéennes, nous ont fait passer de si bons moments. J'apprends chaque soir un morceau par cœur, et, tous les matins, en me le récitant à moi-même, je paye un tribut de regrets à ces heureux temps où chaque matin nous nous promenions sous les arbres du lycée, nous répétant les leçons que nous nous étions choisies. Nous puisions l'un dans l'autre une félicité douce et pure, malgré les grilles, les murailles et les cris du pédant qui nous rappelaient au quartier.

Ma vie est donc ici assez remplie, et le monde, qui m'absorbait à Doullens, ne me prend à Vitry qu'une ou deux heures par jour.

Je vois combien les réputations qu'on fait aux provinces sont fausses. La Champagne passe pour renfermer des habitants peu éclairés; quatre-vingt-dix-neuf moutons et un Champenois font cent bêtes, dit le proverbe. Cependant rien n'est plus commun en ce pays que les gens d'esprit. Les campagnes mêmes sont remarquables par les progrès que les lumières y ont faits. Les habitants de l'arrondissement de Vitry passent pour les Gascons de la Champagne; les gens de la classe élevée y sont royalistes et constitutionnels, quoique nobles pour la plupart. Ils sont économes. Ils professent de l'amour pour la religion et pour le jansénisme. Je croyais cette dernière absurdité oubliée depuis longtemps.

Mon frère est bien accueilli ici et a déjà une influence très grande. Il en a usé hier, autant qu'il l'a pu, pour faire nommer par le collège électoral de Vitry M. Royer-Collard candidat à la Chambre des députés, et il a réussi à le faire élire presque à l'unanimité.

Je voudrais bien que l'arrondissement de Saint-Pol eût assez d'esprit pour élire ton père. Ce serait excellent pour lui, et pour toi aussi. Je le souhaite sincèrement.

Je t'embrasse de tout mon cœur, et t'aime de même.

Camille de Bréville.

*Monsieur Émile Bary, chez M. Harlé, à Clairvaux,
Aube.*

Vitry-le-François, le 8 octobre 1818.

Mon cher Bary,

Je suis reçu à l'école le dix-septième et j'ai les plus fortes espérances d'obtenir une bourse; le duc d'Angoulême l'a promise de vive voix au duc de Doudeauville, qui la lui a demandée pour moi; ainsi donc ces portes de l'École, si difficiles à franchir, me sont ouvertes, et je suis fondé à croire que je les passerai sans payer.

Et toi, mon cher, connais-tu ton sort[1]? Il y a près de huit jours que le jury a prononcé, et ton père, qui probablement est aux enquêtes, doit connaître ses décisions, ou au moins celle qui te concerne. Je te serai bien obligé de me transmettre promptement ce qu'il te dira à ce sujet. On en reçoit quatre-vingts cette année, et j'espère que plusieurs de nos camarades *douteux* passeront dans ce nombre, ne fût-ce qu'à partir du numéro 60.

Mais il né faut pas te parler trop longtemps de choses que tu te réjouis d'oublier, me dis-tu. Quelle jolie perspective en effet qu'un *nid à mathématiques*, comme l'École, pour un homme

---

1. Émile Bary était reçu le quatorzième à l'École polytechnique.

qui, à Clairvaux, chaque jour monte à cheval, et qui, à chacun de ses repas, compte vingt mets, dont pas un ne lui échappe, qui dit beaucoup de choses à une foule de femmes charmantes, les fait danser et ne les quitte que pour avaler de l'eau sucrée ; qui joue la comédie, et la jouera, si on le laisse faire, jusqu'au 15 novembre ; qui... mais en voilà bien assez, ce me semble ; l'énumération de tes plaisirs serait bientôt aussi longue que celle des peuples qui vinrent bâtir la tour de Babel.

A bientôt, je t'aime et je t'embrasse.

Ton
Camille de Bréville.

A Émile Bary[1].

Septembre 1817.

Mon cher,

Je n'aurais jamais cru que, vous étant à Paris, je serais obligé de vous écrire pour m'entretenir avec vous. Mais il y a aujourd'hui quinze

1. M. A. Poirson avait trois ans de plus qu'Émile Bary. Il était maître suppléant au lycée Henri IV en préparant son agrégation des lettres. Professeur d'histoire, puis longtemps proviseur du lycée Charlemagne, il mourut en juillet 1871.

jours que nous ne nous sommes promenés ensemble, et il y aura dimanche quinze jours que
nous ne nous sommes vus; c'est-à-dire que nous
n'aurons échangé nos idées et nos sentiments,
loin des importuns, des indifférents, et même
de nos communs amis, fort agréables pour nous
dans tout autre moment, mais superflus dans
ceux-là. Nous habitons la même ville, notre
cœur n'a que vingt ans, nous ne sommes ministres ni l'un ni l'autre, et il s'est passé douze
jours sans que nous nous soyons réunis!

Voilà le fait. Quelles conséquences en tirer ?
Ah ! mon cher! mon cher! je vous laisse ce
soin....

Je sais bien que vous allez me jeter à la tête
vos études et les miennes; la révolution qui
s'est opérée dans votre manière de vivre; vos
courses continuelles; les devoirs que vous vous
êtes imposés; mon logement, envahi par des
machines à argent[1], et peut-être encore mille
autres raisons, très bonnes, très plausibles. Mais,
mon ami, dans cette longue énumération, n'en
avez-vous pas oublié une, la seule puissante,
la seule véritable..., votre cœur n'est-il pas
changé ?

Dites-moi ce que sont devenues ces soirées
passées à Henri IV, autour d'un mauvais poêle,

---

1. Il donnait des leçons.

dans un grenier repoussant, adossé à une tour humide[1], mais prolongées longtemps, au milieu de la plus aimable familiarité et des plus doux épanchements que l'homme puisse connaître?

Dites-moi ce que sont devenues ces autres soirées, passées dans un meilleur gîte, moins amicales, presque entièrement consacrées à l'étude, mais dans lesquelles on accordait encore chaque jour une demi-heure à l'amitié?

On trouvait encore le moment de donner l'embrassade du soir à son ami!

Nous ne sommes plus dans les mêmes lieux, me répondez-vous. Dites plutôt que nous ne sommes plus les mêmes. Votre cœur est changé! Et c'est ici le moment de vous expliquer ce que j'entends par ces mots. Il me faut pour cela vous faire l'histoire de vos affections et de votre manière de sentir depuis que je vous connais.

Vous avez reçu de la nature un grand désir d'apprendre et de connaître. Mais vous avez reçu en même temps un cœur sensible, une âme aimante, qui ont besoin de sentiments tendres.

A l'époque où je me liai avec vous, ces deux passions étaient à peu près en équilibre, se partageaient à peu près votre âme par égale moitié. Vous redoubliez votre rhétorique; vous aspiriez, et justement, au prix d'honneur. Mais

1. La tour de Clovis.

le travail était nécessaire pour vous l'assurer.
En conséquence, vous l'embrassiez avec ardeur.
Votre temps était rempli par des études variées
et continuelles. Vous ne vous lassiez pas de faire
les deux choses les plus inutiles du monde : des
vers et des discours latins ! Vous dévoriez l'ennui du *Panégyrique de Trajan*, et vous me faisiez lire avec vous la seconde Philippique. Mais,
aussitôt que la cloche avait sonné l'heure du
repos, secouant la poussière du quartier, oubliant les livres purement instructifs, et même
le prix d'honneur, vous accouriez dans ma modeste chambre à midi et demi. La fin du jour
vous y revoyait de nouveau.

Préférant votre santé au bonheur que me
donnaient votre présence et votre conversation,
je vous pressais de me quitter, de prendre de
l'exercice. Mais, insensible aux avis de l'amitié
trop désintéressée, vous ne vouliez pas m'abandonner ; vous préfériez à votre tour l'air épais
de ma chambre et l'aspect de mes solives à
l'air salubre de la terrasse et à l'aspect du ciel
même...., parce que dans ce galetas vous trou-
viez l'objet de votre amitié...., et vous vous sen-
tiez heureux auprès de lui.

A la même époque, vous employiez le jeudi
tout entier à écrire à Bréville. Alors aussi, vous
voyiez Simon de Montalivet avec plaisir. Alors,
pénétré d'amour pour votre aimable mère, vous

faisiez passer dans mon âme tout l'intérêt que vous lui portiez, toutes les inquiétudes que vous inspirait sa santé déplorable; alors vous dévoriez les ouvrages de Rousseau, particulièrement ses *Confessions* et son *Héloïse*, parce qu'on y trouve une source inépuisable de sentiments tendres. Vous relisiez pour la vingtième fois et toujours avec émotion, *Atala* et *René*, *Paul et Virginie*. Alors, en un mot, il vous fallait l'étude; mais il vous fallait aussi les affections qui remuent le cœur et qui nous font souvenir que nous sommes des hommes, avant d'être des savants.

Cette année bienheureuse finit. Elle finit mal pour vous. Le prix d'honneur vous manqua. Dégoûté des arts de l'imagination, qui avaient trompé votre espérance, vous vous rejetâtes dans les sciences exactes, plus par dépit peut-être que par inclination. Un seul jour avait renversé l'édifice brillant et fragile que vous aviez bâti avec tant de peine.

Vous prites la résolution d'en élever un nouveau, mais composé de matériaux si sûrs, si solides, qu'il fût à l'abri des caprices d'un seul jour et des faiblesses de l'imagination. La raison posait la première pierre. Ce projet vous sourit. La raison encore vous ordonna impérieusement de le suivre, vous montrant des consolations et de la gloire pour le moment où il serait achevé. Ce sentiment étouffa tous les autres. « Les sciences peuvent me donner des plaisirs et de la gloire. Pour m'y livrer, il faut étudier : L'étude donc! l'étude! et périsse, s'il le faut, tout ce qui peut la gêner! » Tel fut le raisonnement que vous fîtes, certainement à votre insu, vous faisant à coup sûr illusion, et colorant les motifs qui vous conduisaient à ce résultat, du prétexte spécieux de remplir un devoir, de perfectionner votre éducation, de mûrir votre raison, d'étendre vos connaissances.

Dès ce jour, l'heureux équilibre dont j'ai parlé plus haut fut rompu. Le besoin d'apprendre l'emporta de beaucoup sur le besoin d'aimer. Dès ce moment, vous ne m'avez plus accordé que quelques moments, que vous avez eu l'air de me reprocher, de vous reprocher à vous-même surtout, comme s'ils eussent été des vols faits à l'étude. Dès ce moment, vous avez cessé vos relations avec Montalivet. Je ne sais même si votre mère et ses souffrances furent les mêmes à vos yeux ; car vous ne vouliez qu'apprendre. Et Bréville, Bréville lui-même fut négligé, bien négligé.... Vous avez prétendu que les premiers torts étaient de son côté. Peut-être le premier moment de refroidissement était-il du vôtre. N'oubliez pas qu'*Atala*, *Paul et Virginie*, prirent la poussière pendant un an dans ma bibliothèque, et que vous n'ouvrîtes plus

Rousseau que pour lire la *Profession de foi.*
Cette Profession est admirable ; mais, au bout
du compte, ce n'est qu'une discussion théologique, et, quelle que soit la plume qui la rédige,
une discussion théologique n'émeut pas puissamment le cœur, pas plus dans Rousseau que
dans un autre.

M. Gentil prit à lui seul la place de vos parents, de vos amis, de vos auteurs favoris ; non
que vous puissiez beaucoup aimer M. Gentil,
mais parce que M. Gentil sait plus de mathématiques que vous.

Tous ces faits ne sont pas arrivés en même
temps ; mais au bout d'un an ils étaient tous
arrivés, et leur réunion justement appréciée par
vous peut vous donner l'idée de l'état auquel
vous êtes parvenu, sans vous en apercevoir.

Faites votre examen de conscience, et vous
en serez effrayé vous-même !

Vous vous chargez la mémoire, vous vous
bourrez la tête de sciences, et vous ne songez
plus à vos amis : vous allez suivre la classe de
M. Bourdon pour les mathématiques ; vous allez suivre celle de M. Desprez pour la chimie,
celle de M. Trémery pour la physique ; vous
ferez de l'algèbre supérieure avec Legendre, de
la minéralogie avec Haüy. Au milieu de tout
cela, M. Gentil vous donnera des leçons de philosophie ! Ah ! grand Dieu ! Oh ! que de sciences !

que d'études! Par laquelle commencer? De quel côté se tourner? Il y a vraiment de quoi étouffer.... Et, pour ne pas vous exposer à ce danger, vous disposez déjà votre temps entre ces mille et une occupations, et l'amitié est oubliée....

L'étude aura dix-huit heures par jour, et l'amitié pas un quart d'heure!... « Ne faut-il pas que j'entre à l'École polytechnique? me direz-vous; ne faut-il pas que je sois reçu dans un rang distingué? et, une fois admis, que je soutienne ma réputation par des connaissances étendues?» Sans doute, il faut que tout cela arrive, mais il faut aussi que vous ne cessiez pas d'être homme, entendez-vous, mon ami!

Je vous en supplie, rejetez une de vos sciences à six mois, à un an, à deux ans, et le temps qu'elle vous aurait pris, destinez-le aux devoirs et aux plaisirs du cœur. De cette manière, vous serez encore tendre fils, bon ami, homme aimable, ce que vous pouvez si bien être quand vous le voulez, et que vous ne prenez plus le temps d'être.

Voilà six mois que je veux vous dire ce que j'ai sur le cœur! Enfin, voilà qui est fait.

Réfléchissez, mon cher Émile, aux avis que je vous donne; mais, quelle que soit la résolution que vous preniez, quelles que soient les idées que fasse naître en vous cette longue lettre, soyez convaincu que celui qui l'a écrite gardera pour vous la même estime, et qu'il vous aimera toujours, tel que vous serez.

Adieu, mon ami.

AUGUSTE POIRSON.

Monsieur Émile Bary,
au château de M. Harlé, à Clairvaux (Aube).

Ce mardi, septembre 1818.

Montalivet passe son dernier examen demain[1]. Ses deux premiers ont été brillants, sans répondre à son attente, ou plutôt à son ambition; car n'ayant pas travaillé de l'année, il n'*attendait* pas mieux; mais il *désirait* davantage. Il part samedi et paraît m'aimer encore un peu. Sa liaison avec Alfred me semble un peu relâchée; cependant je n'ose me prononcer sans appel sur ce sujet; je pourrais me tromper et je le souhaite.

Vous êtes reçu le quatorzième à l'École polytechnique. Le préfet a demandé copie de votre discours[2], qui fait un bruit du diable. Vous sentez que ce bruit ne m'importune pas.

1. L'examen de sortie de l'École polytechnique.
2. La composition de français pour l'École polytechnique sur ce sujet : Cicéron retrouve le tombeau de Pythagore. Voir p. 149.

Bréville[1] est reçu dans un bon rang, quelques places après vous, mais on n'a pu me préciser à laquelle. Romieu est rejeté à une autre année. Combes est reçu le premier. Je n'ai pu savoir à quelle époque vous redeveniez esclave. Il me semble que vous ne devez désirer savoir cette nouvelle que lorsque votre départ deviendra absolument nécessaire. L'idée de rentrer sous l'empire de la férule troublerait peut-être le calme dont vous jouissez.

Quant à moi, mon sort est fixé.

Il se trouve que par un hasard inconcevable, sans avoir fait aucune démarche, sans avoir vu aucun distributeur des grâces, sans avoir fait une seule fois antichambre..., il se trouve que je suis nommé professeur d'histoire! Voilà une grande nouvelle, n'est-ce pas, mon ami? Voyons-en maintenant ensemble les conséquences :

1° Trois mille francs seront mes appointements, si ce n'est cette année, au moins l'année prochaine; 2° je suis nommé professeur en titre, et marchant d'égal avec les professeurs de rhétorique.

Il en résulte ces deux faits : que j'ai un état et une espèce de fortune.

Il en résulte bien plus immédiatement que je vais être forcé de me livrer sans partage à une étude nouvelle pour moi. Et, bien pourvu de

1. Camille Onfroy de Bréville était reçu le dix-septième.

mon titre et de mes trois mille francs, je laisse désormais le champ libre aux demandeurs, solliciteurs, intrigants, quémandeurs, etc., enfin à toute la race des affamés et des malheureux. Je renonce à la gloire de l'avocat, aux richesses du notaire, aux ennuis et aux dégoûts du professeur des basses classes ; je me loge dans ma chaire d'histoire et je n'en sors plus. Adieu même, adieu la gloire du littérateur! Mais non pas adieu l'amour, non pas adieu l'amitié! je n'accepte mon logement qu'à condition qu'ils le partageront avec moi.

J'ai donc résolu d'être tranquille professeur d'histoire, donnant les trois quarts de mon temps à l'étude, et l'autre quart à l'amitié. J'ai profondément réfléchi dans la solitude absolue où je suis resté à Paris sur mon état, et je m'arrête irrévocablement à ces dispositions.

Que ferai-je de Montalivet et d'Alfred de Wailly? mes meilleures connaissances. Et de Bary? mon ami, mon cher ami pour la vie. Je lui donne tout ce que je peux lui donner et je le supplie de me placer dans son cœur à l'endroit où il est dans le mien : après l'amour.

Adieu, Émile. Je vous embrasse de tout mon cœur.

Auguste Poirson.

Écrivez-moi avec mon titre : agrégé de rhétorique.

Sur mes amitiés de collège. — 1818.

J'ai, ou, du moins, je crois avoir, deux amis. Deux, dira-t-on, c'est trop : on ne peut en avoir réellement qu'un. Les sentiments s'affaiblissent en se partageant. Avoir deux amis, c'est n'avoir que deux connaissances. Avant de m'accuser, il faut qu'on apprenne l'origine de ces deux liaisons.

Je connus l'un de mes deux amis pendant ma première année de rhétorique, au lycée Napoléon, 1815 : C. de B. (Camille de Bréville). C'était un jeune homme aimable, spirituel, d'un caractère liant et ouvert, dont les idées étaient assez mûres, ayant déjà une certaine expérience du monde, qu'il avait acquise à la dérobée, en quittant un peu trop souvent les bancs des collèges pour les fauteuils des salons.

Je me laissai séduire aux charmes de son entretien, et me liai avec lui fortement.

Séparé de lui ensuite pendant deux années, qu'il passa en province auprès de son frère, administrateur fort distingué, l'absence, loin de refroidir notre affection mutuelle, la ranima. L'imagination nous montrant de loin l'un à l'autre plus brillants, plus aimables que nous ne l'étions réellement, fit une passion de notre amitié, nous inspira l'un pour l'autre des sentiments qui ne peuvent entrer que dans des âmes encore neuves, et nous dicta de ces lettres qu'on n'écrit qu'à dix-huit ans.

Je le revis enfin! Nos premiers transports ne démentirent pas les marques d'amitié que nous nous étions prodiguées de loin. Nos liens furent encore resserrés par le projet qu'il forma de se présenter avec moi à l'École polytechnique.

Nous revînmes à Paris, enchantés d'associer ainsi nos existences, de pouvoir travailler ensemble, et nous délasser ensemble.

Il n'eut pas à Paris d'autre demeure que la mienne, c'est-à-dire celle de mon père, dont je voulus faire l'asile de l'étude et de l'amitié.

Mais bientôt, à force de nous voir de près, nos yeux désenchantés distinguèrent la différence qu'avait apportée dans nos caractères, dans nos goûts, dans nos habitudes, la différence de nos situations. Ayant vécu deux ans, lui dans le monde, et moi au collège, chacun de nous avait pris dans son séjour les défauts et les qualités qu'on peut y contracter : l'un vif et brillant, mais inconstant et frivole; l'autre sage et solide, mais timide et sans usage du monde.

Dès lors, l'enthousiasme est tombé de part et d'autre; une barrière s'est élevée entre nos cœurs; nous ne trouvons plus rien à nous dire, et nous ne sommes plus attachés l'un à l'autre

que par la froide estime que nous nous portons mutuellement, par la crainte d'être accusés
d'inconstance, et par le souvenir des moments
que nous avons passés ensemble durant l'été
de 1815. Doux moments, embellis par le charme
d'une amitié naissante, où nous nous dévelop-
pions nos cœurs, où, ayant encore tout à nous
dire, nous nous disions tout, et où l'un de nous
croyait, à chaque instant, se reconnaître dans
l'autre !

Je prévois que notre liaison ne sera plus
qu'une suite de froids entretiens et de bons
procédés. Nous nous obligerons au lieu de nous
aimer ! Cela n'en vaudra pas mieux.

Pendant son absence, j'avais rencontré au
lycée un jeune professeur, A. P. (Auguste Poirson), plus âgé que moi de trois ans, à qui ma
franchise avait inspiré de la confiance, et qui,
sans me connaître, se jeta à ma tête. Je répondis
d'abord avec peine à ses avances, parce que la
place était déjà prise et que j'aurais rougi de ne
pas lui rendre autant qu'il me donnait. Mais des
conversations devenues de plus en plus fréquentes nous apprirent bientôt la conformité
qui régnait entre nos penchants, nos opinions
et nos caractères. Il m'aima plus que je ne le
voulais ; il me rendit mille services que j'eus la
faiblesse d'accepter ; tout en paraissant respecter
ma fidélité envers mon premier ami, s'intéresser

à notre liaison, écouter avec plaisir mes confidences, il m'arracha plus d'amitié que je ne devais en accorder à tout autre que B.... Il se glissa dans mon cœur, à côté de celui qui d'abord l'occupait seul [1]....

1. Ici, malheureusement, le manuscrit d'Émile Bury est interrompu.

TABLE DES MATIÈRES

FIN DE LA TABLE DES MATIÈRES.

19406. — PARIS, IMPRIMERIE A. LAHURE
9, rue de Fleurus, 9.